·人文社会科学经典文库·

中国道路选择的内在逻辑研究

ZHONGGUO DAOLU XUANZE DE NEIZAI LUOJI YANJIU

马程程/著

东北师范大学出版社
·长春·

图书在版编目（CIP）数据

中国道路选择的内在逻辑研究/马程程著. --长春：东北师范大学出版社，2025.6. -- ISBN 978-7-5771-2622-7

Ⅰ.D616

中国国家版本馆 CIP 数据核字第 2025DX3342 号

□策划编辑：陈国良	
□责任编辑：齐　虹	□封面设计：张　然
□责任校对：刘晓军	□责任印制：侯建军

东北师范大学出版社出版发行
长春净月经济开发区金宝街 118 号（邮政编码：130117）
销售热线：0431—84568147
传真：0431—85691969
网址：http：//www.nenup.com
电子函件：sdcbs@mail.jl.cn
东北师范大学音像出版社制版
吉林市海阔工贸有限公司印装
吉林市恒山西路花园小区 6 号楼（邮政编码：132013）
2025 年 7 月第 1 版　2025 年 7 月第 2 次印刷
幅面尺寸：170mm×240mm　印张：12.5　字数：202 千

定价：78.00 元

本书为国家社科基金项目"中国特色社会主义道路选择的'三位一体'逻辑关系理路研究"(项目编号:15CKS011)的结项成果

序　言

　　道路问题至关重要。今天，中国道路的选择与文化传统、历史命运、基本国情之间具有鲜明的、丰富的逻辑关联性，从"三位一体"的逻辑关系视角审视中国道路的选择，并进行学理性诠释，十分重要且必要。这是因为它不仅有助于我们历史性地、整体性地去把握道路选择这一命题，更好、更全面地理解道路选择的文化底蕴、历史渊源和现实基础，进而更有力地阐明中国道路选择的合理性、合规律性以及价值正当性，而且有助于促进深化关于中国道路问题的理论研究，用更加宽广的视野认识当代中国道路的价值选择，更深刻地把握人类社会发展规律和科学社会主义基本原则，更有效地进行中国特色社会主义共同理想教育，进而增强广大人民群众对中国道路的认同，坚定"四个自信"。

　　基于上述认识，该书对中国道路的选择与中国文化传统、历史命运、基本国情之间的关系进行了积极的探索与思考。首先，该书提出并阐述独特的文化传统是中国道路选择的文化底蕴。五千年中华文化发展的历史长河中蕴含了与中国特色社会主义共同理想相契合的精神文化因子，这些文化因子在中国道路的选择中发挥了重要作用，在道路的具体实践中也产生了重要影响，比如，"天下大同""天下为公"的美好理想、民本文化、"和"文化、中华民族精神、中华传统美德等都在中国道路的选择中发挥着重要作用。同时，中国道路也是一条传承中华传统文化的发展道路。它深深植根于中华民族传统文化的肥沃土壤之中，吸收传统文化的精华，彰显中华民族文化和中华民族精神风格。其次，该书提出并阐述独特的历史命运是中国道路选择的历史渊源。近代以来中国人民长期遭受帝国主义的侵略和封建势力的剥削，无数仁人志士所探索的救亡图存方法和路径都失败了，只有中国共产党领导全国人民进行革命、建设和改革的道路实现了民族独立和国家富强。中国特色社会主义道路是中国人民通过对中国的革命、建设和改革进行艰苦卓绝的探索形成的结晶。中国的革命道路、社会主义建设道路与中国特色社会主义道路一脉相承，是一个有机整体，不容割裂。中国的革命道路是中国特色社会主义道路选择的前提性基础，社会主义建设道路的历史探索为中国特色社会主义道路的选择积累了历史经验，国家繁荣富强和人民共同富裕的历史任务要求当代中国必须走中国特色社会主义道路。改革开放以来，中国共产党历经了"走什么样的路"的痛苦抉择，党肩负着国家富强、人民富裕的历史任务，开辟了建设有中国特色的社会主义新境界，中国道路由此实现了凤凰涅槃式的重生。再次，该书提出并阐述独特的基本国情是中国特色社会主义道路选择的根本依据。社会主义初级阶段是现阶段我国最大的国情和实际，它规定了我国的国家性质，揭示了我国社会的发展实际，确立了现阶段我国社会主义发展的历史方位，是中国特色社会主义道路选择之根。社会主义初级阶段基本国情是中国特色社会主义道路生成的逻辑起点，是中国特色社会主义道路开辟的根本依据，是中国特色社会主义道路发展的根本前提。中国特色社会主义道路是基于社会主义初级阶段基本国情的根本遵循和必然选择。最后，该书提出并论证文化传统、历史命运、基本国情三者统一于中国特色社会主义道路选择的基本依据，即"三位一体"寓于道路选择的基本依据之中。这一依据作为影响中国道路选择的基础要素，呈现着跨时空与跨领域的高度相融、历史与现实的深刻统一，也体现了中国道路选择的科学性与价值正当性。

  作者指出，中国道路跨越历史长河，是传统中国走向现代中国的必由之路。从中华民族"站起来"走向"富起来"再走向今天的"强起来"，是中华民族近代以来摆脱封建统治与殖民主义压迫、实现民族解放与国家独立进而实现国富民强的纵向历史变迁过程，也是中国国家发展的历史必然进程。"站起来""富起来""强起来"三者一脉相承，相互承接，统一于今天中国特色社会主义现代化建设伟大实践的奋斗目标之中。中国道路的选择发展过程是我国社会在经济、政治、文化、社会以及生态文明这五个领域的横向拓展递进过程。中国道路的选择连接了中国社会的过去与现在，既观照历史，又根植现实，既是千百年来中国人共同的价值理想，又是当代中国人的共同夙愿。反对分裂、崇尚统一，家国同构、民富国强，与邻为善、热爱和平等这些千百年来中国人共同的价值理想犹如一条红线穿越历史，直通现在，开创未来，在当下中国人民所选择的中国道路实践中得到了时代化的具体体现。今天，中国特色社会主义道路的选择是近代以来中国社会跨时间与多领域的变迁结果，是历史与现实的深刻统一，是由中华民族的文化传统、历史命运、基本国情共同作用的结果，是中华民族五千年文明合乎逻辑的现代发展结晶。

该书比较系统地阐释了文化传统、历史命运、基本国情三者统一于中国特色社会主义道路选择的基本依据，揭示了道路选择的"三位一体"的统一性关系。中国道路"三位一体"的内在逻辑是共同作用的产物，三者共同寓于道路选择的基本依据之中，共同催生出了这条实现民族复兴的必由之路。作为一本从文化传统、历史命运和基本国情"三位一体"视角来系统分析和阐述中国道路选择的内在依据的专著，该书是理论界鲜有的研究成果，其观察视角和阐述思路具有一定的尝试性与创新性，其观点和结论具有一定的新鲜感与启发性，值得理论界同人关注，对中国道路的研究、教育和宣传均将有所裨益。当然，该书在理论的深度上、阐述的缜密上仍有提升的空间，伴随着道路实践的拓展和延伸，关于道路的认识也需要深化和升华。

该书作者马程程博士，毕业于马克思主义发展史专业，现为东北师范大学马克思主义学部副教授。该书体现了开阔的研究视野和敏锐的学术思维，是她在科学研究中取得的新收获和新业绩，也又一次突显了她作为一名青年教师和学者的孜孜不倦、快速进步和发展潜力。作为她的导师，见证她的每一步成长、分享她的每一份收获，均格外高兴。在该书准备公开出版之际，受邀为之作序，也深感欣慰，并期盼学生不骄不躁、继续努力，取得更大的进步。

是为序。

张森林

2024 年 6 月

目 录
CONTENTS

绪　　论 / 001
 一、研究的缘起及综述 / 003
 二、研究的思路及意义 / 007
 三、相关概念的厘清 / 008
  （一）中国道路与中国特色社会主义道路 / 008
  （二）新民主主义革命道路与中国特色社会主义道路 / 009
  （三）社会主义革命道路与社会主义建设道路 / 011
  （四）中国式现代化道路与中国特色社会主义道路 / 012
  （五）文化传统与传统文化 / 013

第一章　独特的文化传统与中国道路的选择 / 017
 一、独特的文化传统蕴含深厚的文化底蕴 / 019
  （一）"天下大同""天下为公"的美好理想 / 019
  （二）民本文化 / 022
  （三）"和"的文化 / 024
  （四）中华民族精神是中国特色社会主义道路选择的信念支撑 / 027
  （五）中华民族传统美德 / 030
 二、中国道路实践彰显中华传统文化特质 / 032
  （一）中国道路坚持社会主义方向 / 032
  （二）中国道路坚持以人为本 / 035
  （三）中国道路坚持改革创新 / 040
  （四）中国道路坚持构建和谐社会 / 045

（五）中国道路坚持和平发展 / 046
　　（六）中国道路坚持法治与德治相结合 / 050
三、理解中华民族独特文化传统的影响作用的双重向度 / 053
　　（一）文化传统影响中国道路的微观向度 / 053
　　（二）实现传统文化的现代性转化 / 056

第二章　独特的历史命运与中国道路的选择 / 061
一、新民主主义革命与社会主义道路的艰难探索 / 063
　　（一）新民主主义革命道路的开辟 / 063
　　（二）社会主义革命道路的艰辛探索 / 064
　　（三）社会主义建设道路的实践与曲折 / 065
二、中国特色社会主义道路的开辟与推进 / 072
　　（一）改革开放与中国特色社会主义道路的开辟 / 072
　　（二）社会主义市场经济体制的确立与中国特色社会主义
　　　　道路的实践创新 / 074
　　（三）加强改进党的建设与中国特色社会主义道路的深入推进 / 076
　　（四）全面建设小康社会与中国特色社会主义道路的全面开拓 / 078
　　（五）以人为本与中国特色社会主义道路的科学拓展 / 079
三、新时代中国特色社会主义道路的新征程 / 081
　　（一）新时代开启中国特色社会主义道路新征程 / 081
　　（二）全面建成小康社会与中国特色社会主义道路的新布局 / 083
　　（三）全面深化改革与中国特色社会主义道路的新动力 / 086
　　（四）"人类命运共同体"与中国特色社会主义道路的新使命 / 087
四、中国道路是遵循历史发展规律的道路抉择 / 090
　　（一）马克思主义理论关于人类社会发展一般规律的表述 / 090
　　（二）中国特色社会主义道路符合人类社会发展的一般规律 / 092
五、中国道路实践发展顺应历史发展的基本趋势 / 096
　　（一）马克思主义经典作家关于人类社会形态发展阶段的阐述 / 096
　　（二）中国特色社会主义是初级阶段的社会主义 / 099
　　（三）马克思跨越理论特殊规律的具体实践 / 102

第三章 独特的基本国情与中国道路的选择 / 109
  一、社会主义初级阶段基本国情 / 111
    （一）什么是社会主义初级阶段基本国情 / 111
    （二）初级阶段基本国情是中国特色社会主义道路生成的逻辑起点 / 113
    （三）初级阶段基本国情是中国特色社会主义道路开辟的根本依据 / 116
    （四）初级阶段基本国情是中国特色社会主义道路发展的基本前提 / 119
  二、基本国情是中国道路选择的根本依据 / 125
  三、新时代新阶段我们党对国情认识的新高度 / 129
    （一）从社会发展阶段上明确新时代的历史方位 / 130
    （二）从核心内容上提出社会主要矛盾的转换 / 131

第四章 中国道路选择的独特内生逻辑 / 137
  一、历时态、共时空、跨领域的多维统一 / 139
    （一）中国道路的选择是从"站起来"到"富起来"再到
       "强起来"的纵向历史进程 / 139
    （二）中国道路的选择是中国社会多领域横向共同作用的结果 / 143
    （三）中国道路的选择统一于"三位一体"的基本依据 / 146
  二、历史逻辑与现实实践的有机统一 / 148
    （一）中国道路的选择彰显了千百年来中国人共同的价值理想 / 149
    （二）中国道路的选择是当代十四亿中国人民共同的利益诉求 / 153
    （三）中国道路彰显社会主义现代化的独特优势 / 160
  三、科学合理性与价值正当性的统一 / 163
    （一）中国特色社会主义道路是一条马克思主义的国家发展道路 / 164
    （二）中国特色社会主义道路是一条以人民为中心的国家发展道路 / 165

结　语 / 168

参考资料 / 178

后　记 / 187

绪　论

一、研究的缘起及综述

二、研究的思路及意义

三、相关概念的厘清

道路问题至关重要。习近平总书记曾强调:"独特的文化传统,独特的历史命运,独特的基本国情,注定了我们必然要走适合自己特点的发展道路。"①"实现中国梦必须走中国道路。这就是中国特色社会主义道路。"② 这条道路来之不易,它是在改革开放的伟大实践中走出来的,是在中华人民共和国成立以来的持续探索中走出来的,是在对近代以来中华民族发展历程的深刻总结中走出来的,是在对中华民族5000多年悠久文明的传承中走出来的,具有深厚的历史渊源和广泛的现实基础。因此,中国特色社会主义道路与文化、历史、国情之间具有鲜明的、丰富的逻辑关联性,三者呈现道路选择的内在统一性关系,彰显"三位一体"的逻辑理路,这也正是今天中国道路的科学性、合理性、合规律性以及价值正当性之所在。

一、研究的缘起及综述

自1982年邓小平在党的十二大上提出"走自己的路,建设有中国特色的社会主义"之后,国内理论界迅速开始了对于中国特色社会主义道路的相关研究,所呈现的研究成果无疑是显著和丰富的。以2007年党的十七大为界限,大体上分成以下几个阶段:

(1)党的十七大以前,由于党中央尚未对"中国道路"做出明确界定,理论界研究的重点是"中国特色社会主义"的内涵,所探讨的问题相对集中于以下几点。第一,什么是中国特色社会主义。秦宣(2005)认为其总体而言是"多维度、多层次的概念……多重形态综合构成的社会主义新形态"③;赵希宏(2006)认为其是科学理论、社会制度、社会新形态与奋斗目标④。第二,中国特色社会主义与科学社会主义的关系。秦刚(2005)表示后者是前者的思想源头和理论基础,前者是后者在中国的新发展⑤(此处前者指中国特色社会主义,后者指科学社会主义);王怀超(2005)则以中国特色社会主义、科学社会主义、社会主义三者之间的关系为向度,揭示了其是"马克思主义关于社会主义建设的基本原理与中国社会主义现代化建设实际相结合的

---

① 《习近平著作选读》第一卷,人民出版社2023年版,第150页。
② 习近平:《在第十二届全国人民代表大会第一次会议上的讲话》,人民出版社2013年版,第3页。
③ 秦宣:《对"中国特色社会主义"的理性思考》,《中国特色社会主义研究》2005年第2期。
④ 赵希宏:《"中国特色社会主义"命题再思考》,《理论探索》2006年第6期。
⑤ 秦刚:《论中国特色社会主义与科学社会主义的关系》,《思想理论教育导刊》2005年第9期。

结晶,是扎根于当代中国的科学社会主义,是指引中国人民走向现代化的理论旗帜"①。第三,关于中国特色社会主义与苏联模式的区别。冯颜利(2007)认为中国的社会主义建设对苏联模式持有"辩证态度""这是继承和扬弃"②;马龙闪(2007)则指明了两者之间的关系,并指出中国特色社会主义是对苏联模式的实质性突破③。

(2)党的十七大以后,由于党中央对"中国特色社会主义道路"做出了明确的界定,理论界研究的重点向"中国特色社会主义道路"的内涵转移,比较有代表性的著作有《中国特色社会主义道路探究》(2009)、《中国特色社会主义道路研究》(2012)、《中国特色社会主义道路基本问题研究》(2012)、《中国道路与前景(中国国情专题)》(2013)等。这些相对具有代表性的著作侧重于对"怎样建设中国特色社会主义""中国特色社会主义道路的探索、形成、解读及意义"等的研究。而在2012年党的十八大对"中国特色社会主义道路"的相关概念与内容的界定进一步完善并随即提出"道路自信"以后,关于"道路"研究的相关成果如雨后春笋一般迅速增加,主要有以下几方面:其一,对"中国特色社会主义道路"基本内涵的研究。贺新元(2019)立足新的时代背景,论述了这条独特道路的四个方面的基本内涵,即"底色"——社会主义初级阶段,"本色"——党的基本路线,"民族色"——"五位一体"总体布局,"国际色"——和平发展④。杨世文、李娟(2012)认为中国特色社会主义道路的理论内涵可概括为"一个主体领导、一个基本路线、一个制度依托、一个总体布局"⑤。同时,近年来国外关于"中国道路"的研究也逐渐出现并呈上升趋势。例如美国洪朝辉提出"中国道路是建立在特殊的中国体制、文化传统和社会结构之上的"⑥。也有学者提出"中国很难照搬任何外国的现代化模式,无论是西方的、东欧的,甚至是日本的模式。中国就是中国,她只能走自己的路"⑦。其二,对中国特色社会主义道路的探

---

① 王怀超:《社会主义、科学社会主义与中国特色社会主义》,《科学社会主义》2005年第2期。
② 冯颜利:《中国特色社会主义与苏联模式社会主义比较》,《江汉论坛》2007年第11期。
③ 马龙闪:《苏联模式与中国社会主义道路的探索——中国特色社会主义是对苏联模式的实质性突破》,《中国特色社会主义研究》2007年第1期。
④ 贺新元:《中国特色社会主义道路的科学内涵及新时代价值》,《河南社会科学》2019年第2期。
⑤ 杨世文、李娟:《中国特色社会主义道路的理论内涵与现实意义》,《求实》2012年第1期。
⑥ 洪朝辉:《"中国特殊论"颠覆西方经典理论》,《廉政瞭望》2006年第10期。
⑦ 戴维·W.张:《邓小平领导下的中国》,喻晓译,法律出版社1991年版,第263-264页。

索过程的研究。李君如（2012）认为中国特色社会主义道路的探索"是合乎规律地不断向前拓展和深化的"，体现马克思主义"客观的辩证法"和"历史的辩证法"逻辑①；桑学成（2011）则以历史的发展为脉络，以十一届三中全会为起点，把这条道路划分为四个主要阶段，即"确定主题阶段""初步开辟阶段""形成与完善阶段""深化与拓展阶段"②。其三，对中国特色社会主义道路基本意义的研究。漆思（2019）认为中国道路引领了现代文明转向，实现了对资本主义发展与传统社会主义发展这两种旧有模式的突破，为社会主义在新的历史条件下实现其创新与发展提供了价值理念③；杨彬彬、马玉婕（2019）则从更为宏观的国际视角，探讨了这条"道路"的世界性意义，认为其与人类命运共同体有着深层价值衔接，以综合国力增长为维护世界和平与促进共同发展提供中国价值、中国力量，以崭新国家治理体系和政治文明形态为各国探寻治理规律提供中国路径、中国方式，以新的全球治理观为构建人类命运共同体贡献中国智慧、中国方案④；徐崇温（2012）指出当下中国道路之所以是人类创举，是由于其是超越资本主义与苏联模式的和平、健康的现代化发展之路⑤。其四，对中国特色社会主义道路的建设路径的研究。杨振闻（2020）指出新时代要进一步走好中国道路，需要准确把握好中国道路成功密码背后蕴藏的三条关键信息——实事求是、实践标准、独立自主⑥；桑学成（2011）认为把继承与创新、一般与特殊、实践创新与理论创新、解放思想与实事求是、改革开放与四项基本原则有机统一起来，是中国特色社会主义道路形成发展的法宝⑦；姜淑兰、郑德荣（2010）认为党的基本路线是中国特色社会主义道路的核心和生命线⑧。其五，对道路自信的研究。张乾元、苏

---

① 李君如：《中国特色社会主义道路的开辟、坚持和发展》，《党的文献》2012年第6期。
② 桑学成：《中国特色社会主义道路的形成发展和基本经验》，《南京大学学报（哲学.人文科学.社会科学版）》2011年第4期。
③ 漆思：《中国道路：现代文明转向与社会主义创新的思想自觉》，《社会科学战线》2019年第12期。
④ 杨彬彬、马玉婕：《中国特色社会主义道路的中国逻辑与世界意义》，《长白学刊》2019年第4期。
⑤ 徐崇温：《中国特色社会主义道路是人类追求文明进步的新路》，《理论参考》2012年第10期。
⑥ 杨振闻：《走自己的路：中国道路成功的关键密码》，《求索》2020年第1期。
⑦ 桑学成：《中国特色社会主义道路的形成发展和基本经验》，《南京大学学报（哲学.人文科学.社会科学版）》2011年第4期。
⑧ 姜淑兰、郑德荣：《党的基本路线是中国特色社会主义道路的核心和生命线》，《理论学刊》2010年第3期。

俪晖（2019）认为贯穿于中国特色社会主义道路探索过程中的从国情出发有步骤、分阶段实现现代化的发展目标，以人民为中心不断解放和发展生产力，有序推动全方位对外开放、各方面制度的改革完善以及党执政能力的提高，构成了中国特色社会主义道路自信的基因[①]；韩庆祥（2019）认为我们坚定道路自信的底气，从根本上来自中国特色社会主义道路具有独特优势，这种优势就在于它立足中国国情，解决中国问题，促进中国成功，创造中国奇迹[②]。

（3）习近平总书记在2013年强调独特的文化传统、历史命运、基本国情与中国特色社会主义道路选择的必然性以后，我国理论界关于"道路"的研究进入了更为深入的阶段。学界目前从文化、历史、现实等单一视角研究其与中国道路之间的关系，成果颇丰。第一，关系研究之"道路"与国情。汪青松（2014）表示国情是这条"道路"的基本点，正因为我国的国情兼具社会主义社会和初级阶段的双重含义，这就必然决定了中国道路既要坚持科学社会主义的基本原则，又要根据实际和时代特征赋予其鲜明的中国特色；同时决定了中国道路既不走老路，也不走邪路。[③] 第二，关系研究之"道路"与文化传统。李涛（2017）认为坚持走中国特色社会主义道路既是历史选择、人民选择、文化选择的共同作用，又是马克思列宁主义与中华优秀传统文化的相融相通，这是近代中国走上社会主义道路的深层次原因[④]；郭万超（2014）从文化与发展的辩证逻辑出发，认为优秀传统文化是中国发展的深层动因，中国道路的形成是立足我国文化传统长期发展、渐进改进、内生性演化的结果[⑤]；卜莲玉（2016）则着眼于中国道路与中华优秀传统文化两者之间所形成的良性互动，指出这条"道路"的开辟与发展离不开中华优秀传统文化的丰厚滋养，同时后者的继承弘扬也离不开这条道路的"拓展"[⑥]。第三，关系研究之"道路"与历史发展。张学森（2019）从大历史观的视角，通过对我国农业文明道路、西方资本主义工业文明道路和中国特色社会主义道路

---

① 张乾元、苏俪晖：《新中国现代化建设道路的探索与道路自信》，《新疆师范大学学报（哲学社会科学版）》2019年第6期。
② 韩庆祥：《新中国70年坚定道路自信的学理阐释》，《学术论坛》2019年第4期。
③ 汪青松：《"两个不走"：中国道路的方向性规定》，《政治学研究》2014年第6期。
④ 李涛：《中华传统文化与中国特色社会主义道路选择》，《中州学刊》2017年第12期。
⑤ 郭万超：《优秀传统文化：中国道路的深层内因》，《党建》2014年第3期。
⑥ 卜莲玉：《浅议中华优秀传统文化与中国特色社会主义道路的关系》，《辽宁行政学院学报》2016年第7期。

进行综合比较,认为中国特色社会主义道路是一条通过社会主义实现现代化的道路,不同于其他两条道路①;徐勇(2016)认为中国道路有着深厚的历史根基,历史延续性这一显著特质为近代以来中国的创新性革命和发展提供了基础,并由此最终形成中国特色社会主义发展道路②;张乾元、苏俐晖(2019)认为中国历经"中国工业化道路""中国式的现代化""社会主义现代化强国"的探索而形成的中国特色社会主义道路,是中国共产党领导人民探索的适应我国国情的"创新版"道路③。辛向阳(2013)以中国近现代历史的逻辑为研究的出发点,指出中国道路是历史的选择,是已经被历史证明了的事实,是已经被事实证明了的历史④。

但总起来看,目前,将中国文化传统、历史命运、基本国情综合起来,对"道路"进行"三位一体"的综合性研究明显不足,尤其少见从三者统一关系维度上对中国特色社会主义道路选择问题的探讨,对这一问题的系统性的阐述亟待加强。

二、研究的思路及意义

本书以马克思主义为指导,以毛泽东思想、中国特色社会主义理论体系为思想基础,立足于中华民族的文化传统、近现代中国 180 多年社会变迁的历史命运和改革开放以来社会主义初级阶段的基本国情,系统阐释文化传统、历史命运、基本国情与中国道路选择之间的内在逻辑,论证这一道路选择内在的"三位一体"逻辑关系理路,具有一定的理论价值和现实意义。

第一,学术价值主要体现在方法、内容、观点方面。方法上,强调整体性、综合性,注重文化传统、历史命运、基本国情的"三位一体"研究,对其进行系统的分析和阐述,从而深化"道路"研究;内容上,强调文化传统、历史命运、基本国情的内在联系,将三者统一于中国特色社会主义道路选择的基本依据,加深"道路"认识;观点上,强调中国特色社会主义道路的必然性价值,充分阐述中国特色社会主义道路是建成社会主义现代化国家、实

---

① 张学森:《大历史观视阈下的中国道路》,《党政研究》2019 年第 6 期。
② 徐勇:《历史延续性视角下的中国道路》,《中国社会科学》2016 年第 7 期。
③ 张乾元,苏俐晖:《新中国现代化建设道路的探索与道路自信》,《新疆师范大学学报(哲学社会科学版)》2019 年第 6 期。
④ 辛向阳:《为什么必须走适合自己特点的道路》,《北京日报》2013 年 9 月 9 日。

现中国梦的必由之路，要坚定"道路"自信。笔者试图从学理阐释的维度为坚定"四个自信"尽一点儿绵薄之力。

第二，应用价值主要体现在系统地阐述文化传统、历史命运、基本国情与中国特色社会主义道路选择的关系，能够为国家建设发展、深化改革开放提供理论支撑。尤其在处于世界前所未有之大变局的今天，面对国际社会上充斥着的西方国家"中国威胁"的论调，阐明当代中国道路选择的科学合理性和价值正当性有助于广大党员干部、人民群众坚定道路自信。

第三，社会影响和效益方面，主要是希望能为中国特色社会主义道路的研究及教学提供有益的参考资源，亦希望对指导中国特色社会主义实践有所裨益。当然，通过深入研究笔者也发现，厘清中国特色社会主义之当下中国背后的文化、历史与现实逻辑，这个问题实在太过厚重、庞大，笔者深感自己学术水平有限。虽然研究中已经做了不少工作、下了很大功夫，但显然远远不够。笔者将继续努力，但亦希望这是一个新话题的开端，可以起到引玉之砖的作用。如此，也可算笔者的一点儿小小的贡献。

三、相关概念的厘清

在阐释具体内容之前，有如下几个相关概念需要提前厘清。

（一）中国道路与中国特色社会主义道路

何谓"中国道路"？从广义的角度而言，是指近现代以来的中国所经历的革命、建设、改革的全部实践过程。对于近代的中国来说，中国道路是无数仁人志士救亡图存的运动实践探索；对于现代的中国来说，中国道路是新民主主义革命运动与社会主义建设及改革的实践探索；而对今日之中国而言，中国道路就是中国特色社会主义道路的实践探索。因此，中国道路作为一个整体的存在，承接了近代以来中国的革命道路，立足于当下的中国特色社会主义道路，展示了未来民富与国强兼具的光明图景。而狭义上的中国道路，特指今天的中国特色社会主义道路。当今世界，没有放之四海而皆准的国家发展道路，中国道路的选择是由中国独特的文化传统、历史命运和特殊的基本国情所决定的，而西方国家的发展道路也是由其自身的历史文化特点和国情所决定的。作为正处在探索实践中的中国道路，它不是固定的发展模式，尚未定型，需要随着形势的变化而不断向着正确的方向推进，因此，实践性无疑是这一道路的本质特征,且这一道路的实践过程并没有结束,一直在进行之中。

中国特色社会主义道路,自党的十七大报告明确提出,并在党的十八大报告中对其内容作出了具有丰富性的阐释,揭示了其科学内涵和基本特征,即"在中国共产党领导下,立足基本国情,以经济建设为中心,坚持四项基本原则,坚持改革开放,解放和发展社会生产力,建设社会主义市场经济、社会主义民主政治、社会主义先进文化、社会主义和谐社会、社会主义生态文明,促进人的全面发展,逐步实现全体人民共同富裕,建设富强民主文明和谐的社会主义现代化国家"①。可以说,这条适合我国特点的独特的国家发展道路,既承载了千百年来中国人民实现国富民强的热切期盼,也成为我们这个具有五千年悠久历史的古老民族融入世界的海洋、实现伟大复兴的不二之选。今天的中国道路就是中国特色社会主义道路,既不是教条地照抄照搬马克思、恩格斯的共产主义美好设想,也不是僵化地套用盛极一时的"苏联模式",更不是对改旗易帜的资本主义发展模式的推崇,而是以我国实际为基点,将马克思主义基本原理灵活运用于中国社会的智慧性创造。这条道路以中国共产党的领导为前提,以基本国情为依据,以"一个中心、两个基本点"为核心,以解放和发展生产力为手段,以"五位一体"为总体布局,以社会高度发达、人的全面发展为基本目标,是实现民族之伟大腾飞的必经之路。基于此,走上这条道路,我们就必须有"志不改、道不变的坚定"②,必须有"不破楼兰终不还"的深刻决心。

(二) 新民主主义革命道路与中国特色社会主义道路

新民主主义革命道路是中国共产党领导中国人民推翻帝国主义、封建主义和官僚资本主义三座大山的剥削和压迫,翻身成为国家主人的一条武装革命斗争道路。可以说,"新民主主义革命道路是中国特色革命道路的第一阶段,而且是最重要的阶段"③。

中国特色社会主义道路是中国革命道路历史发展的必然结果。鸦片战争以来,从太平天国农民起义到中国共产党领导的新民主主义革命,中国人民

---

① 胡锦涛:《胡锦涛文选》第三卷,人民出版社2016年版,第621页。
② 习近平:《在庆祝改革开放40周年大会上的讲话》,人民出版社2018年版,第27页。
③ 郑德荣、王占仁:《全面准确理解中国特色革命道路》,《毛泽东思想研究》2006年第2期。

时刻都在努力为争取民族独立解放、实现国家富强民族振兴这两大历史任务奋斗着。这两大历史任务不是孤立的,而是相互联系的、统一的,这也就决定了从1840年开始中国人民奋斗至今的历史是一段不容割裂的、具有统一性的长篇史诗。只有实现了民族的独立、国家的解放,才有实现国家富强、民族伟大复兴的可能。近代中国社会所呈现的特殊国情必然决定了民族摆脱侵略、人民摆脱压迫是首要性任务,因为实现民族独立是实现国家富强的基本前提。在新中国成立后,建设富强的社会主义现代化国家、让中华民族重新屹立于世界民族之林是社会主义中国的主要任务。为实现民族独立解放,创立社会主义制度,我们选择了新民主主义革命和社会主义革命道路;为实现国家富强,实现民族伟大复兴,我们选择了中国特色社会主义道路。这两大历史任务的统一性、承继性和必然性也充分说明了中国革命道路和中国特色社会主义道路的历史统一性。

中国革命道路与今天的中国特色社会主义道路就像不可分割的历史链条,承载着实现中华民族独立和复兴的历史重任。从实现民族独立这一任务看,要想改变我国半殖民地半封建社会的现实国情,改变人民受剥削和压迫的现实状况,必须从根本上推翻帝国主义和封建主义的统治,建立人民的政权;从实现国家富强和民族振兴这一任务看,必须改变我国近代经济文化落后的现实状况,必须解放和发展生产力,变传统农业国为现代工业国,实现国家经济发展、政治民主、文化繁荣、社会和谐、生态美好,实现社会主义现代化。中国共产党如果不推翻帝国主义的侵略和统治,不实现国家的独立和人民的翻身,帝国主义不平等条约的枷锁势必会使中国的民族工业一蹶不振,国家发展必然举步维艰。而封建社会的剥削制度又使得广大农民受到封建统治阶级的压迫,因此,近代中国社会必须先解决政权问题,实现人民当家作主。国家政权问题是一切革命的根本问题。只有推翻帝国主义与封建主义这两座压在人民身上的大山,才能使中国人民从帝国主义和封建主义的枷锁中彻底解放出来,建立起人民当家作主的社会主义制度,才能使人民真正翻身成为国家的主人。今天的中国特色社会主义道路以人民的根本利益为出发点和落脚点,是中国完成革命任务之后在社会主义建设和改革时期确立起来的以国家富强、民族振兴、人民幸福为目标的国家发展道路,与革命时期的中国革命道路的基本目标一脉相承。因此,以民族独立和人民解放为目标的革命之路是当下中国道路的历史奠基,以国家富强和人民富裕为目标的中国道路是革命之路历史发展的必然逻辑结果。

(三) 社会主义革命道路与社会主义建设道路

社会主义革命道路和社会主义建设道路也是环环相扣、一脉相承的。这两者无疑都是我们党在不同的历史阶段为了实现国富民强、民族伟大复兴的历史任务而带领中国人民所进行的有力探索。历史具有连续性,无论是前期的革命道路还是后期的建设道路,两条道路无疑都是当下中国特色社会主义道路的形成前提和基础,因此,需要对这两个概念在这里作以说明。

一方面,社会主义革命道路是继新民主主义革命道路之后的一个发展阶段,是中国由新民主主义社会向社会主义社会过渡的阶段。新中国的成立标志着新民主主义革命基本上取得了胜利,但这时的中国社会仍然是新民主主义社会。1940年,毛泽东同志在分析中国国情和总结革命经验的基础上明确提出,中国之革命必须分步骤分阶段,"其第一步是民主主义的革命,其第二步是社会主义的革命"[1]。新中国成立后,要想建成社会主义社会,我们还需要进行一场"经济战线上的社会主义革命"[2]。以"三大改造"为桥梁,我国稳步迈入了社会主义国家的行列之中。这一时期,中国共产党把马列主义与我国实际有机结合,汲取以往我们党在统一战线的斗争经验,立足于我国物质基础极度落后的实际国情,创造性地探索出了一条适合我国的"一化三改"向社会主义和平过渡的道路,为我们实现当时的阶段性任务以及后来的社会主义建设奠定了基础。

另一方面,社会主义建设道路是在"三大改造"的顺利完成与社会主义制度的确立、我们党正确分析和认识我国的基本国情的基础上所进行的建设社会主义的实践探索。但是,由于我们还没有更加深入地、科学地、客观地认识社会主义,在建设上也缺乏实践的经验,以及复杂国际形势和自然灾害的影响,我们党在社会主义建设探索的过程中遇到了挫折和出现了失误,社会主义事业也受到严重的负面影响,因为毕竟这是一条别人从未走过的道路,路上之荆棘必然遍布。但是,不可否认的是这一时期的探索也为新时期的社会主义现代化建设和改革开放奠定了一定的基础:一是在经济上我国建立起

---

[1] 《毛泽东选集》第二卷,人民出版社1991年版,第665页。
[2] 沙健孙:《关于社会主义改造问题的再评价》,《当代中国史研究》2005年第1期。

了独立的比较完善的工业体系和国民经济体系，这使我国在经济上真正实现了自给自足，积累了重要的物质条件；二是我们在政治上建立起了以人民代表大会制度为标志的一系列政治制度，真正保障了人民当家作主，保证了社会主义制度的延续；三是成功研制出了"两弹一星"，极大地提升了我国的国防实力和国际地位，使任何一个国家都不敢再对我国任意欺凌和侵略。这些成就都为后来改革开放和中国特色社会主义道路的成功开辟与顺利进行创造了极其有利的条件。

（四）中国式现代化道路与中国特色社会主义道路

中国式现代化道路与中国特色社会主义道路都是中国共产党领导广大人民群众创造性地探索国家发展路径的实践成果，两者是具有内在统一性的，但是这两个概念既有区别，又有联系。一方面，它们都是在结合中国实际国情的基础上形成的、具有中国特色和时代特征的国家发展道路；另一方面，二者围绕的主题内容和核心范畴不同，如果说中国式现代化道路是将现代化实践作为核心议题，那么中国特色社会主义道路则是以社会主义实践作为核心内容，但二者的共同之处在于它们都是中国国家发展的战略路径。

以习近平同志为核心的党中央全面总结了我国现代化建设的历史经验，深入研究了国际国内形势的新变化，分析了我国国情的新特点，明确提出了"中国式现代化道路"这一重大概念。中国式现代化道路是在中国共产党的带领下，以马克思主义为指导，"坚持走自己的路"的探索实现现代化的实践成果。这一道路不仅拥有世界现代化的共同特征，更因基于我国自身独特的国情和文化传统而体现出突出的中国特色。这一道路是在充分吸收借鉴世界现代化文明成果的基础上，以实现中华民族伟大复兴为历史使命，坚持"两个结合"，立足国情世情的变化，始终坚持以人民为中心，独立自主探索出来的符合我国实际的社会主义现代化道路。它"代表人类文明进步的发展方向，展现了不同于西方现代化模式的新图景，是一种全新的人类文明形态"[①]。这一道路为世界文明的发展贡献了中国力量，还为其他国家的现代化建设提供了不同于西方的现代化新路径。

中国特色社会主义道路这一命题于党的十七大提出，并且自此开始，我

[①] 《习近平在学习贯彻党的二十大精神研讨班开班式上发表重要讲话强调 正确理解和大力推进中国式现代化》，《人民日报》2023年2月8日。

们党明确阐释了其基本内容,具体已在前文有所阐释,在这里不再赘述。与中国式现代化道路相比,中国特色社会主义道路更加强调道路的社会主义性质和道路进程中的社会主义实践。这是因为自1917年十月革命开始,世界开启了资本主义与社会主义两种制度、两种意识形态共存的历史时期,自此以后,两种制度之间的较量就一直未曾停止过,到20世纪80年代末90年代初,世界社会主义的发展也一度随着东欧剧变、苏联解体而陷入低谷;新世纪以来,科学社会主义在中国又重新焕发蓬勃的生命力,这也为世界社会主义的发展带来了生机与活力。纵观世界社会主义发展历程和我国社会主义发展进程,中国特色社会主义道路取得了巨大的成就,不仅为世界上其他社会主义国家的社会主义建设提供了不同于"苏联模式"的新经验,还向非社会主义国家展示了社会主义制度的优越性,壮大了当今世界的社会主义力量,增强了社会主义发展的信心,赢得了其同资本主义的比较优势。当今世界正处于百年未有之大变局,两种制度之间的较量与竞争与以往相比更加激烈了,但是中国特色社会主义道路所展示的光明前景无疑昭示了人类社会未来发展的社会主义光辉前景。今天,中国特色社会主义步入了新时代,走在全面建设社会主义现代化国家的新征程上,面对"新时代坚持和发展什么样的中国特色社会主义、怎样坚持和发展中国特色社会主义"的新问题,中国特色社会主义道路实践给出了明确的回答,中国共产党也必将继续沿着社会主义的前进方向,将这条道路越走越宽,越走越长。

(五)文化传统与传统文化

作为人的存在方式,文化产生和发展是在人们的实践过程中进行的。有生命的个人的存在无疑是人们创造历史的第一个前提,而提供人们日常生活所需要的物质生活资料的生产活动便成为第一个历史活动,并且是人们每日每时都需要进行、世世代代需要延续的历史活动,从这个意义上讲,实践就是人类社会得以存在和发展的永恒基础。但是,在人类社会历史的具体进程中,实践的表现形式,即劳动的组织形式,是具体的、历史的、过程性的。只要人们开展实践活动的能力和水平发生了变化,实践活动的实现方式就会出现相应的变化,进而建立在实践活动基础上的整个社会结构系统就表现为无休止的运动变化状态。当然,处于上层建筑领域的思想文化也不例外,特定的历史阶段会孕育出特定的历史文化,任何一个社会时期或者时代的文化,尤其是意识形态上的主导性文化，无疑都具有该时期的独特印记，是这个时代在精神上的独特体现。毫无疑问，任何时期的文化，一旦其赖以生存的物质基础发生改变，其必然会以或明显或隐蔽或激烈或温和的形式随之改变。因此，在人类社会历史发展中，文化始终保持着流动和绵延的姿态。

关于传统文化，学术界有较多不同的解释。有的学者认为我国的传统文化是中华民族在几千年生产生活实践中形成的各种思想观念、文化体系的总体表征，体现着中华民族特有的文化气派与民族气质[1]。有的学者认为其是中国文明历史长河的文化积淀[2]。还有学者认为其是在人类物质资料生产不断发展和精神生活不断丰富的基础上所创造出来的物质文化、精神文化、制度文化的总和[3]。从这些对我国传统文化的定义中我们可以了解到，传统文化是指在长期的历史积淀中形成并且流传至今的物质文化、精神文化、制度文化等，它并不是指在历史中存在过的文化，也并不包括在历史长河中曾经出现却又消亡的文化（一种文化如果在中途夭折，无法得到传承，说明这是一种没有生命力的文化，并且我们也无法知晓这种夭折的文化，因此，中途消亡的文化自然不能被称为"传统文化"）。当然，在中华民族五千多年的传统文化当中既有精华，也有糟粕，不能一概而论。今天，传统文化的现代转化也是将传统文化取其精华去其糟粕，进行与新时代相适应的重构，以利于今天的国家、民族和社会发展。

文化传统，理论界对其的认识也是仁者见仁，智者见智。《中国传统文化十二讲》中认为文化传统是中国传统文化中绵延流传、通贯古今的文化内涵[4]。《文化传统："生命·实践"教育学命脉之系》中则认为其是民族经过长期的历史积淀而形成的对现实社会仍产生巨大影响的文化特质或文化模式[5]。《论文化传统与传统文化》一文认为其是指历史上形成并为后人所承袭下来的思想意识中的东西[6]。从这些定义中我们可以了解到，文化传统就是促成一些互动，并在互动中发挥作用的媒介[7]，而只有观念的和精神的力量才能发挥媒

---

[1] 何会宁：《论中国传统文化与马克思主义大众化的一致性》，《求索》2012年第8期。
[2] 王炯华等：《中国传统文化十二讲》，华中科技大学出版社2001年版，第7页。
[3] 刘森：《传统文化与文化传统》，暨南大学出版社2011年版，第15页。
[4] 王炯华等：《中国传统文化十二讲》，华中科技大学出版社2001年版，第8页。
[5] 袁德润：《文化传统："生命·实践"教育学命脉之系》，华东大学出版社2015年版，第56页。
[6] 李虎：《论文化传统与传统文化》，《重庆电力高等专科学校学报》2004年第1期。
[7] 宋银桂：《文化·传统文化·文化传统》，《文史博览》2005年第12期。

介作用，从而支配我们的思想和行为。因此，所谓文化传统，指的就是在历史发展过程中形成并在今天仍然时刻影响着我们的观念、意识的精神存在。本书当中，独特的文化传统特指五千多年中国传统文化当中的那些与今天中国特色社会主义道路相关，并在中国道路实践中发挥积极作用的文化因子的总和。

传统文化与文化传统是既有区别又有联系的。首先，文化传统主要是指精神层面的文化，而传统文化既包括精神层面的文化，也包括制度层面和物质层面的文化。文化传统是内在于传统文化的"道"，是传统文化的精神、灵魂、气质。① 传统文化是历史上存在过并流传至今的文化实体和文化意识，简而言之，就是有形的和无形的文化遗产总和；文化传统则是在长期的民族实践中形成的集体意识，是蕴含于各种文化现象中的文化意识和文化精神，它是无形的，如大同社会的美好理想、民本文化、民族精神、中华民族传统美德等。其次，"文化传统是形而上的道，传统文化是形而下的器；道在器中，器不离道"②。传统文化是文化传统的实质载体，文化传统是传统文化在人的精神上的体现，并且始终影响着人的思维和意识，从而在无形中影响着民族的发展进程。同时，文化传统与传统文化都具有民族性。任何传统文化都是民族文化，是各民族在特定的环境中根据本身的特殊需要而创造出来的。③ 不同的民族在不同的地域环境中形成了不同的生活方式、理想信念、文化习俗等，各民族的传统文化体现了各民族之间的特殊性。文化传统作为传统文化之精神内核，其本质上象征着民族精神，一个民族之所以具有强大的凝聚力，就是因为这种民族精神使这个民族的成员产生了对本民族文化的认同感。

文化发展在其本质上表现为现代文化对传统文化的代替，以工业文明为基础的文化取代以农业文明为基础的文化成为时代的主流。但是，发展并不意味着反传统，如马克思所说，"人，作为人类历史的经常前提，也是人类历史的经常的产物和结果"④，以及"人们自己创造自己的历史""是在直接碰到

---

① 顾作义、钟永宁：《守望中国价值：中国传统文化理念二十六讲》，广东人民出版社2019年版，第1页。
② 庞朴：《文化传统与传统文化》，《中华文化与地域文化研究——福建省炎黄文化研究会20年论文选集：第一卷》：福建省炎黄文化研究会，2011年10月1日。
③ 范竹增：《发扬民族文化传统与现代文化建设》，《苏州大学学报》1996年第3期。
④ 《马克思恩格斯全集》第三十五卷，人民出版社1974年版，第545页。

的、既定的、从过去承继下来的条件下创造"。① 因而，人的存在以及作为人的存在方式的文化的存在都具有历史继承性，现代文化不是对传统的拒斥和否定，而是在传统的基础之上，审视当今的时代特征和时代内涵，在文化领域进行理论表达的新形态。现代是传统的延伸和超越，传统是现代的基础和生长点，正视文化传统在现代文化发展和现代社会变革中的重要作用，是一个国家和民族走向复兴的必要条件。在人类社会历史的长河中，文化传统历经沧桑却始终保持鲜活的生命力，它在时代变迁的冲击中总是能够乘风破浪并对后世产生深远的影响，它是一个民族的安身立命之本，使之能够如家般安居于世。不同国家的现代化进程的推动，都需要从本民族的文化传统中汲取营养和动力。在现代化的进程中，我们在展望未来的同时不能遗忘过去，特别是在历史发展的关键期和关节点上，我们需要从优秀的文化传统中获得营养和支撑，从而脚踏实地地仰望星空。

---

① 《马克思恩格斯选集》第一卷，人民出版社1995年版，第585页。

第一章

独特的文化传统与中国道路的选择

一、独特的文化传统蕴含深厚的文化底蕴

二、中国道路实践彰显中华传统文化特质

三、理解中华民族独特文化传统的影响作用的双重向度

五千年的灿烂文明是中华民族引以为傲的文化瑰宝。习近平总书记曾指出,"中国古代大量鸿篇巨制中包含着丰富的哲学社会科学内容、治国理政智慧,为古人认识世界、改造世界提供了重要依据,也为中华文明提供了重要内容,为人类文明作出了重大贡献"①。中华民族悠久的传统文化当中有着许多能够彰显民族特点、代表中华文明、成为古为今用的文化传统,比如"天下大同""民为邦本""和为贵"等,这些具有中华民族独特印记的文化传统也成为今天中国道路选择和发展的文化基石,这条道路的具体实践也是与中华传统文化的现代转化过程同步展开的。

一、独特的文化传统蕴含深厚的文化底蕴

2016年5月17日,习近平在哲学社会科学工作座谈会上的讲话中指出:"中华文明历史悠久,从先秦子学、两汉经学、魏晋玄学,到隋唐佛学、儒释道合流、宋明理学,经历了数个学术思想繁荣时期。在漫漫历史长河中,中华民族产生了儒、释、道、墨、名、法、阴阳、农、杂、兵等各家学说,涌现了老子、孔子、庄子、孟子、荀子、韩非子、董仲舒、王充、何晏、王弼、韩愈、周敦颐、程颢、程颐、朱熹、陆九渊、王守仁、李贽、黄宗羲、顾炎武、王夫之、康有为、梁启超、孙中山、鲁迅等一大批思想大家,留下了浩如烟海的文化遗产。"② 传统文化中蕴含了与中国特色社会主义共同理想相契合的文化因子,这些文化因子传承至今构成了独特的中国文化传统,成为中国道路选择的文化底蕴。

(一)"天下大同""天下为公"的美好理想

"天下大同""天下为公"无疑是在华夏儿女心中传承了几千年的美好愿景。两千多年以来,朝代在不断地更替,但是中国人民对于这一愿景的热爱与期待却从未随着朝代的更迭而流逝,而是始终将其作为理想的政治状态和社会形态,并为之上下求索。中国的"大同"思想,始于春秋战国时期。当时的中国正处于战争频发、四分五裂的混乱状态之中,百姓们既遭受着阶级的压迫也面临着战争的危险,因此,深陷苦难的百姓十分渴望一个没有阶级

---

① 习近平:《在哲学社会科学工作座谈会上的讲话》,人民出版社2016年版,第5页。
② 习近平:《在哲学社会科学工作座谈会上的讲话》,人民出版社2016年版,第4页。

压迫、没有矛盾冲突的理想社会，即"大同"社会，自此，"大同"社会成为人们对于幸福生活、和谐社会的寄托。在《礼记·礼运》中有讲到"昔者仲尼与于蜡宾。事毕，出游于观之上，喟然而叹。仲尼之叹，盖叹鲁也。言偃在侧，曰：君子何叹？孔子曰：大道之行也，与三代之英，丘未之逮也，而有志焉。大道之行也，天下为公。选贤与能，讲信修睦，故人不独亲其亲，不独子其子，使老有所终，壮有所用，幼有所长，矜、寡、孤、独、废疾者皆有所养。男有分，女有归。货恶其弃于地也，不必藏于己；力恶其不出于身也，不必为己。是故谋闭而不兴，盗窃乱贼而不作，故外户而不闭。是谓大同。"① 这是古人对"大同"社会具体表现样态的美好设想。

所谓"天下为公"就是将一切权力为人民所共有，并挑选出德才兼具的人代表民众意愿来治理国家，这是我国政权与国家治理思想在古代的最初萌芽。"天下为公"一方面是指天下的财富属于公共所有，不能私人占有；另一方面是指国家的政权要为公众服务，要使人人都得到幸福，这是政治权力机构的根本任务。而作为一名民众，"我为人人，人人为公"是一名公民的基本义务。后来，墨家主张的"举公义，辟私怨"②，法家强调的"无私""背私"，以及道家提出的"圣人常无心，以百姓心为心"③，都体现了古代中国人忧国忧民的政治情怀和以天下为己任的政治大局意识。

所谓"大同"，就是在人民所向往的理想社会中，人们不仅要奉养和抚育自己的父母及子女，还要使社会上的老而无妻之人、老而无夫之人、幼年丧父的孩子、老而无子之人和残疾人都能得到供养，这才是人人所向往的"大同社会"。可以看出，大同社会是一个男女平等、没有阶级压迫和剥削、没有争夺和战争、人民安居乐业、团结友爱的太平盛世。明末清初的民主主义启蒙思想家王夫之在《续通鉴论》中以"天下为公"为武器，批判封建制度，提出"公天下"的主张，认为"天下非一家之私"。黄宗羲也主张"天下为公、君为客"，顾炎武进一步指出，"国家"是属于一家一姓的王朝，而"天下"则是匹夫所共有。后来，梁启超把这一思想概括为"天下兴亡，匹夫有责"，这就实现了"天下为公"的道德理想向个人道德标准的成功转换，并激

---

① 《礼记》，金盾出版社 2010 年版，第 220 页。
② 《墨子》，西安交通大学出版社 2014 年版，第 30 页。
③ 《道德经》，三秦出版社 2018 年版，第 106 页。

励鼓舞了无数的中华儿女为实现民族的复兴而不懈奋斗。

19世纪40年代开始，帝国主义列强多次发动对中国的侵略战争，这使得封建王朝猛然跌入了半殖民地半封建的泥潭之中，并面临着从未有过的屈辱。为了挽救中华民族的危亡、唤起中国人民的觉醒，中国有识之士多次进行了救亡图存道路的探索。洪秀全在领导太平天国农民起义运动中颁布了《天朝田亩制度》，想要实现"有田同耕、有饭同食、有衣同穿、有钱同使，无处不均匀，无处不保暖"的理想社会。康有为提出了维新变法主张，批判了落后腐朽的封建社会，在《大同书》中勾画出了一个"无邦国，无帝王，人人相亲，天下为公"①的大同愿景。伟大的革命先驱孙中山先生也始终心怀着"天下为公"这一传统政治思想，在演说中一再重提"人类进化之目的为何？即孔子所谓大道之行也，天下为公"。可见，这一时期的中国人都期待着一个"天下为公""天下大同"的美好社会，这一社会理想在近代中国人的思想认识发展中得到了很好的传承并保留下来。

19世纪末，马克思主义传入中国，使众多在革命实践中不断失败的中国人有了新的希望。戊戌变法失败以后，梁启超读到马克思主义著作时曾断言"欲夺富人所有以均诸贫民"的革命思想"必将磅礴于二十世纪也明矣"②。中国共产党的主要创始人之一李大钊在《庶民的胜利》一文中也曾预言："试看将来的环球，必是赤旗的世界！"③ 在新中国成立前夕，毛泽东在《论人民民主专政》中也曾指出："使中国有可能在工人阶级和共产党的领导之下稳步地由农业国进到工业国，由新民主主义社会进到社会主义社会和共产主义社会，消灭阶级和实现大同。"④ 马克思所描绘的共产主义社会是没有阶级，没有压迫，生产资料共同所有，各尽所能，按需分配，每个人自由而全面发展的社会。这与中国古代的"天下大同""天下为公"是如此相像，并且它比古代中国人所期待的大同社会理想更加具有科学性和可行性。换言之，从古至今，仁人志士的"天下大同""天下为公"的政治大局意识和观念奠定了中华民族忧国忧民的政治情怀和以大局为重的民族意识，这成为我国先进革命分子在探索救国道路中选择马列主义、选择社会主义之路的重要原因。自此开始，

---

① 张磊：《孙中山与中国近代化（下）》，人民出版社1999年版，第88页。
② 《少年中国说》，北京联合出版有限责任公司2014年版，第165页。
③ 《李大钊选集》》，人民出版社1959年版，第117页。
④ 《毛泽东选集》第4卷，人民出版社1991年版，第1476页。

中国的革命面貌焕然一新，中国人民完成了反帝反封建的任务，确立了社会主义基本制度，并在实践中成功探索出了适合中国国情的中国特色社会主义道路，且在这条道路的基础上沿着共产主义社会的宏伟目标不断迈进。

（二）民本文化

早在古代，我国就崇尚"亲民""重民""爱民"。民本思想在我国政治思想史上占据着重要的地位，为今天中国特色社会主义道路的选择提供了重要的思想资源，构成中国特色社会主义道路选择的文化基础。

中国人历来是重视民本思想的，并在诸多的实践中逐步认识到了"以民为本"在统治者实现社会稳定、巩固既定政权的目标中扮演着极为重要的角色。"民惟邦本，本固邦宁"[①] 常常被我国古代的思想家们作为民本思想的基本信条，意在强调只有人民安稳，即国家的根本牢固，国家才会安宁。孟子提出："天子不能以天下与人。"[②] 荀子讲："天下归之之谓王，天下去之之谓亡。"[③] 在《吕氏春秋》中载有："天下，非一人之天下也，天下之天下也。"[④] 这些论述表明先秦思想家都认识到了人民才是天下的主人，基于此，统治者们在实施其政治统治的过程中是需要把人民放在首要位置、重视民意民情的。孔子把民众和粮食、丧礼、祭祀放在同等重要的位置（"所重：民、食、丧、祭"[⑤]），而民众在其中排在第一位，成为重中之重。孟子则提出了"民为贵，社稷次之，君为轻。是故得乎丘民而为天子，得乎天子为诸侯，得乎诸侯为大夫"[⑥]，以此强调了民众是国家统治的基础。更有荀子把君民之间的关系比作舟与水的关系，即"君者，舟也；庶人者，水也。水则载舟，水则覆舟"[⑦]。正因如此，统治者也认识到了在执政的过程中必须要得到百姓的拥戴和支持，否则很难实现长期的政治稳定。所以历朝历代的统治者都把善待百姓作为实现统治稳定的重要途径。"政之所兴，在顺民心；政之所废，在逆民心。"[⑧] "闻之于政也，民无不为本也。国以为本，君以为本，吏以为本。故国以民为

---

① 《尚书》，线装书局2007年版，第52页。
② 《孟子》，岳麓书社2021年版，第145页。
③ 《荀子》，二十一世纪出版社2015年版，第182页。
④ 《吕氏春秋》，二十一世纪出版社2015年版，第11页。
⑤ 《论语》，南京大学出版社2019年版，第410页。
⑥ 《孟子》，岳麓书社2021年版，第221页。
⑦ 《荀子》，二十一世纪出版社2015年版，第324页。
⑧ 《管子》，北京燕山出版社1995年版，第20页。

安危，君以民为威侮，吏以民为贵贱。此之谓民无不为本也。"① 这些都说明了既要认清民众的重要性，还要通过统治者的合理治理行为取得人民的拥护，以达到民安的目标。

从历史上看，我国古代传统"民本"思想具有很大的局限性。一方面，从民本思想产生的历史背景与目的来看，其实质是君本。我国传统民本思想是建立在君主专制基础之上的，是从统治者的角度出发而提出来的，其实质是为了教化君主如何通过治理百姓安抚民心来巩固自己的专制制度，其本质仍然是维护统治者的专制地位。而且，民本思想在施政过程中是否能得到真正贯彻与实现，完全取决于君主的德行与施政准则，这就造成了我国古代朝代的更迭。另一方面，从民本思想本身来看，其所蕴含的民本思想既是对君主本身施政行为的规范，也是对百姓思想与行为的规范。这种规范实质上是对百姓的思想上的禁锢与行为上的束缚。从古代指导君主治国理政的民本思想来看，其既包括君舟民水、爱民、惠民等思想，当然也包括三纲五常式的封建伦理，并通过教化的方式贯彻实施于百姓。

新中国成立以后，我国确立了人民当家作主的国体及其与之相适应的政体，从而使"以民为本"有了根本的制度保障。我国用人民当家作主的方式和制度真正实现了"以民为本"。改革开放以来，中国特色社会主义道路已经走过了几十年的发展历程，在此期间，中国特色社会主义理论在实践中不断丰富和发展。在"三个代表"重要思想、"以人为本"的科学发展观、"以人民为中心"等重要思想当中都有对传统文化中民本思想的传承。这些思想将人民的利益放在首位，实现了古代民本思想在今天中国社会的现代转化。而今天的我国治国思想也体现了我国古代民本思想对中国特色社会主义道路实践选择的重要影响。

总体而言，古代中国人对"民本""人本"的重视与关注在一定程度上促进了中国政治发展历程。近代以来，中国人在古代"民本"思想的基础上借鉴了西方的民主思想，从而铸就了今天的中国人对社会主义民主的政治追求。关心民疾，改善民生，得民拥护，强调得民心者得天下，失民心者失天下，这些民本思想的传承与积淀，为今天中国特色社会主义政治发展道路的发展

---

① 《贾谊集·贾太傅新书》，岳麓书社2010年版，第100页。

与建设提供了极为宝贵的历史经验。毛泽东就曾明确指出："人民，只有人民，才是创造世界历史的动力。"① 并在此基础上提出了"从群众中来、到群众中去"的群众路线，这也成了现如今我们党的根本政治路线和组织工作路线。"以人为贵""以民为本"的民本思想在我国传统社会对适度控制过度剥削和压迫、保护生产力方面起到了一定的积极作用，并给今天中国的政治发展刻下了"人本"思想的深远烙印。值得注意的是，古代的民本思想与我国当下的民主思想是有着本质上的差异的，古代的民本思想立足的根本基点是为了维护封建君主的专制统治，换言之，古代民本思想是专制体制下政治理论的组成部分，所谓的"安民""爱民"只是统治者为了实现其阶级统治的稳定性而采取的诸多途径之一，民本对于统治阶层而言只是手段而不是目的。今天，这种古代的民本思想"属于现代政治学意义上的'专制政体'范畴，其根本特征是将最高权力归属于以为大公无私的王者"②。因此，古代旧式民本思想注定不会成为当下我国民主政治进程中的民主思想，更不可能替代现代民主理论，但是其本身所蕴含的现代民主思想的因素、精华是今天的我们所不能忽视的。

（三）"和"的文化

"和"在中国古代历史上被奉为最高价值，是中华文化的精髓。"和"的文化可以说是中国传统文化的核心内容。中华五千年悠久文明中到处体现着个人与自然、个人与他人之间的"和"文化传统，"崇文尚和""和而不同""以和为贵"等都是我国"和"文化的代名词，和谐也因此成了当代中国特色社会主义道路实践中所秉持的基本价值理念。

中国传统"和"文化具有丰富的内涵，是"和实生物""和而不同""以和为贵""协和万邦"等概念的统一体。"和实生物"一词最早是西周时期史伯提出的，他指出"夫和实生物，同则不继"③，认为世间万物本来就是各不相同的，而只有这些不同的事物实现了和谐，才能实现持续的发展。儒家的荀子也强调"万物各得其和以生"④，认为万物只有处于和谐的状态，才能顺

---

① 许涤新：《论我国的社会主义经济》，人民出版社 1964 年版，第 88 页。
② 张分田：《关于儒家民本思想历史价值的三个基本判断》，《天津师范大学学报（社会科学版）》2009 年第 5 期。
③ 《国语》，齐鲁书社 2005 年版，第 253 页。
④ 《荀子》，二十一世纪出版社 2015 年版，第 174 页。

利生长。"和而不同"的思想是孔子最早提出的,他指出"君子和而不同,小人同而不和"①,认为君子追求和谐,但不会强制要求完全相同,这样才可以实现取长补短,求同存异。"以和为贵"是中华民族普遍认同的价值准则,孔子的弟子曾经把孔子"和"的思想总结为"礼之用,和为贵"②,将"礼"与"和"联系起来,强调"礼"是"和"的重要补充。基于此,孟子亦提出了"天时不如地利,地利不如人和"③,认为天时、地利、人和这些条件之中,人和是最为重要的,从而发展了"和为贵"的思想。"协和万邦"一词在我国很早便产生了,《尚书·尧典》中指出:"克明俊德,以亲九族。九族既睦,平章百姓。百姓昭明,协和万邦。黎民于变时雍。"④ 认为只有把自己的宗族与国家治理好,国与国之间才能更好地团结起来,实现和谐相处。

从个人层面来讲,"和"指的是人通过提升自己的修养从而达到自我和谐的一种精神境界,儒家经典《中庸》中写道:"喜怒哀乐之未发,谓之中;发而皆中节,谓之和。中也者,天下之大本也;和也者,天下之达道也。致中和,天地位焉,万物育焉。"⑤ 意思就是说,喜怒哀乐的情感没有发生,叫"中";喜怒哀乐的感情发生了,但都能适中且有节度,叫"和"。中是天下最为根本的,和是天下共同遵循的法度,达到了中和,天地就会各安其位,万物便生长发育了。道家的老子在《道德经》中写道:"知和曰常,知常曰明。"⑥ 老子实际上是在告诉人们治国要遵循基本规律,明白和谐与平衡的道理。东汉的史学家荀悦也曾说道:"食和羹以平其气,听和声以平其志,纳和言以平其政,履和行以平其德。"⑦ 这里的和是和谐、和顺、和美、和睦之"和"。人自身只有不断提高自己,才能实现自身的和谐发展。

在人与自然的关系上,古代中国人历来强调"天人合一",认为人与自然之间的关系并非征服与被征服的关系,而应该是和谐统一的。最具有代表性的就是我国古代道家的思想,比如在《道德经》中提到的"人法地,地法天,

---

① 《论语》,南京大学出版社 2019 年版,第 269 页。
② 《论语》,南京大学出版社 2019 年版,第 11 页。
③ 《孟子》,岳麓书社 2021 年版,第 56 页。
④ 《尚书》,广州出版社 2001 年版,第 1 页。
⑤ 《大学·中庸》,上海财经大学出版社 2018 年版,第 57 页。
⑥ 《道德经》,三秦出版社 2018 年版,第 119 页。
⑦ 《申鉴·杂言上》,中华书局 1954 年版,第 23 页。

天法道,道法自然"①。道家的著名代表人物庄子的《齐物论》一文中也曾经提到"天地与我并生,而万物与我为一"②的思想。他们认为人只有达到"天人合一"的精神境界,才能回归自然,得到真正意义上解放。实际上,古代中国人关于人与自然和谐共生的思想也为今天社会主义生态文明建设提供了宝贵的文化资源。不同于西方国家工业化进程中"先污染、后治理"的经济社会发展模式,中国特色社会主义道路实践中所创造的超越农业文明、工业文明的新型社会主义生态文明实现了古代中国人"人与自然"和谐相处的"和"文化在当代中国的现代转化,是国家经济社会发展的新亮点。

在人与人的关系上,我国传统文化并非像西方文化那样强调"物竞天择""适者生存",而是注重人际关系的和谐,坚持"以和为贵",强调人与人之间的和谐相处。其中,最具有代表性的就是儒家的思想,如《论语》中提到的"礼之用,和为贵"③,孟子提出的"天时不如地利,地利不如人和"④,还有荀子提出的"万物其和以生,各得其养以成"⑤,等等。人与人之间和睦的人际关系和交往状态也是今天我们构建和谐社会的题中之义。

中国"和"的文化已经深深地融入中华民族的血液之中,并对我国历代王朝的国家政策产生深远影响。受"和"文化的影响,中华民族历来就有爱好和平的优秀传统。为了应对北方游牧民族的长期侵扰和内部阶级矛盾的变化所导致的战乱,中国古代社会大多对外实行"亲仁善邻""协和万邦"的政策。1949年新中国成立以后,我国在外交方面也积极推动与各个国家的和平相处。1953年,周恩来总理在和印度代表团进行谈判时提出了和平共处五项原则,并长期成为我国处理国际关系的基本准则。1955年,在万隆会议上周恩来总理提出了"求同存异"的外交方针。这些都是在汲取传统"和"文化资源的基础上所提出来的具有中国特点、彰显民族特性的国家方针和政策,也是今天中国外交所一直秉持的外交理念和基本原则。改革开放以后,在我国"和"文化的影响下,我国更加注重与世界各国在经济、文化等方面的交流与合作。尤其十八大以来,随着我国进入新时代,"人类命运共同体"这一

---

① 《道德经》,三秦出版社2018年版,第59页。
② 《庄子》,岳麓书社2021年版,第24页。
③ 《论语》,南京大学出版社2019年版,第11页。
④ 《孟子》,岳麓书社2021年版,第56页。
⑤ 《荀子》,二十一世纪出版社2015年版,第174页。

极具时代性的概念得以诞生，从而极大加强了我国与其他国家的紧密联系。习近平总书记指出："人类文明多样性是世界的基本特征，也是人类进步的源泉。""不同历史和国情，不同民族和习俗，孕育了不同文明，使世界更加丰富多彩。"[①] 当今世界，各国面临着诸多共同的问题与挑战，各国之间的联系与合作成为不可逆转的潮流与趋势。构建人类命运共同体，就是要世界各国之间坚持和而不同，互相以开放包容的心态，使世界各国文明在共同的地球村中百花齐放，这是新时代我国为推动世界和平与发展而提出的中国方案。

（四）中华民族精神是中国特色社会主义道路选择的信念支撑

五千年的古老文明孕育了具有民族特点的中华民族精神，其在历史的长河中发挥着凝聚力和向心力的作用，是中国人民在漫长的历史岁月中经过长期的生产劳动、生活实践、思考探索创造出来的优秀文化遗产。2002年，党的十六大报告指出，"在五千多年的发展中，中华民族形成了以爱国主义为核心的团结统一、爱好和平、勤劳勇敢、自强不息的伟大民族精神"[②]。中华民族精神始终是维系中国各个民族团结统一，激励中华儿女为实现民族独立和国家富强而不断奋斗的精神力量。弘扬中华民族精神是改革开放以来尤其是新的历史条件下推动我国社会持续发展、不断增强综合国力的内在要求。2018年3月，习近平总书记明确指出，伟大中华民族精神是我们坚定"四个自信"的底气。中华民族精神是在中华民族几千年的历史长河中逐渐形成的，它的内涵随着时间的推进不断丰富和发展，在中国历史进程中的不同历史时期以不同的形式表现出来，尤其是在中国道路的选择和发展中发挥了重要的激励和凝聚作用。

中华民族精神深深植根于中华优秀传统文化：墨家倡导"兼相爱""交相利"[③]，认为同一片天空之下的人民应该亲如一家、互帮互助、共同获益；"天行健，君子以自强不息"[④] 体现了华夏儿女拼搏进取、自强不息的可贵品质；"苟日新，日日新，又日新"[⑤] 体现了中国人民不断进取、开拓创新的伟大精

---

① 习近平：《习近平主席在出席世界经济论坛2017年年会和访问联合国日内瓦总部时的演讲》，人民出版社2017年版，第28页。
② 《十六大以来重要文献选编》，中央文献出版社2005年版，第30页。
③ 《墨子》，二十一世纪出版社2015年版，第80页。
④ 《周易》，三秦出版社2018年版，第1页。
⑤ 《大学·中庸》，四川人民出版社2019年版，第15页。

神;"克勤于邦,克俭于家"① 体现了中华民族无私奉献、勤俭节约的优良品质;"苟利国家生死以,岂因祸福避趋之"② 反映了中华民族爱国主义的伟大民族精神。这些优秀的古代中国传统思想文化构成了中华民族精神的载体,使中华民族精神能够代代相传并不断丰富和发展。

中华民族精神在马克思主义民族精神思想影响下更焕发出勃勃生机与无限活力。尽管,在马克思、恩格斯的笔下,对于民族精神尚未有过专门性且大篇幅的描写,也没有下过一个明确的定义,但是他们对各个民族的性格特征尤其是意识形态领域都进行过深入的研究和探讨。马克思主义认为,一个民族能发展到一个什么样的水平与民族精神是息息相关的。恩格斯在分析德国工人阶级的特点时曾指出:"第一,他们属于欧洲最有理论修养的民族,他们保持了德国那些所谓'有教养的人'几乎完全丧失了的理论感。""如果工人没有理论感,那么这个科学社会主义就绝不可能像现在这样深入他们的血肉。"③ 他认为,正是因为德国工人阶级拥有这种比较先进的民族精神,才使科学社会主义理论在德国得以创立,从而为人类进步事业做出了巨大贡献。马克思也曾指出:"民族的意志,正如个人的意志一样,不能超越理性的规律。在非理性的民族那里根本谈不上有什么理性的国家组织。"④ 马克思认为,只有具备理性的民族才能建立起合乎理性的国家组织,从而进一步推动整个民族与国家不断发展,反之,是无法达到这样一个积极结果的。从以上马克思和恩格斯的论断,我们不难看出马克思、恩格斯对民族精神可以在国家发展中起到至关重要的作用的论断是非常认可的,他们的这些关于民族精神的思想和理论,使中华民族精神在中国共产党领导中国人民进行革命和建设的过程中不断焕发活力,尤其在中华民族正在崛起的时刻发挥了越来越重要的作用。

爱国主义是中华民族精神的核心内核。在历史的长河中,正是承载了这一核心内涵的民族精神凝聚起了全体人民群众,使中华民族渡过了一次又一次危机和劫难。中国共产党自建党以来,就为民族独立和国家解放的伟大目

---

① 《尚书》,线装书局 2007 年版,第 20 页。
② 《林则徐诗词选注》,海峡文艺出版社 1993 年版,第 70 页。
③ 《马克思恩格斯选集》第三卷,人民出版社 2012 年版,第 36 页。
④ 《马克思恩格斯全集》第一卷,人民出版社 1956 年版,第 316 页。

标而不懈努力着。在革命战争时期，以"红船精神""井冈山精神""延安精神""大别山精神""西柏坡精神""长征精神"为代表的革命精神在争取国家独立和人民解放的斗争中发挥了重要的精神支持作用。"开天辟地、敢为人先的首创精神，坚定理想、百折不挠的奋斗精神，立党为公、忠诚为民的奉献精神"① 是红船精神；"坚定执着追理想、实事求是闯新路、艰苦奋斗攻难关、依靠群众求胜利"② 是井冈山精神；"坚定信念、求真务实、一心为民、清正廉洁、艰苦奋斗、争创一流、无私奉献"③ 是苏区精神。长征精神"就是把全国人民和中华民族的根本利益看得高于一切，坚定革命的理想和信念，坚信正义事业必然胜利的精神；就是为了救国救民，不怕任何艰难险阻，不惜付出一切牺牲的精神；就是坚持独立自主、实事求是，一切从实际出发的精神；就是顾全大局、严守纪律、紧密团结的精神；就是紧紧依靠人民群众，同人民群众生死相依、患难与共、艰苦奋斗的精神。"④ 崇高的革命热情、拼命的革命精神都给中国人民在艰苦卓绝的革命斗争中带来了压倒一切困难的精神动力，也正是这些具有中华民族特点和符合革命形势需要的爱国主义民族精神，支撑着全体中国人民在艰苦的战争环境下坚定信念取得最后的胜利。新中国成立后，在艰难摸索建设社会主义时期，"'两弹一星'精神""大庆精神"等社会主义建设时期的中国精神用团结一致、不怕困难、迎难而上的干劲儿和勇气带领中国人民实现了社会主义工业化。改革开放以来，"雷锋精神""载人航天精神""抗洪精神""创业精神"等都是中华民族在新的时代条件下进行社会主义建设的过程中所创造出来的伟大的精神财富。可以看出，无论是古代中国人传承下来精神，还是今天我们对传统民族精神的丰富、创新和发展，这些从古至今由中华民族所创造出来的精神财富为中国特色社会主义建设实践提供了丰富的精神支持和智力保证，是我们进一步坚持走好中国道路的信念支撑。

---

① 习近平：《习近平在瞻仰中共一大会址时强调 铭记党的奋斗历程时刻不忘初心 担当党的崇高使命矢志永远奋斗》，《人民日报》2017年11月1日。
② 习近平：《习近平春节前夕赴江西看望慰问广大干部群众 祝全国各族人民健康快乐吉祥 祝改革发展人民生活蒸蒸日上》，《人民日报》2016年2月4日。
③ 习近平：《在纪念中央革命根据地创建暨中华苏维埃共和国成立80周年座谈会上的讲话》，《人民日报》2011年11月5日。
④ 《习近平谈治国理政》第二卷，外文出版社2017年版，第47页。

（五）中华民族传统美德

中华传统美德有着悠久的发展演变历史。早在三千多年前还处于奴隶社会的商周时期，就有许多有识之士尤其是君王特别提倡品行和道德，其中，最为著名的就是周文王和周武王的勤政爱才、礼贤下士，他们以"仁爱"治天下的思想和事迹，至今仍被传为佳话。春秋战国时期是我国思想界最为活跃的阶段，这一时期最突出的特点就是"百家争鸣"，儒家在这一时期最为著名，孔子在总结大量前人的关于道德方面的许多构想与事迹的基础上提出了一整套道德体系与伦理学说，提出了"礼""忠""信""恕"四条道德准则，并把"仁"作为最高道德标准，强调"仁者爱人"①"己所不欲，勿施于人"②等。到了汉代，儒家的代表人物董仲舒提出"三纲五常"的道德准则，"三纲"即"君为臣纲，父为子纲，夫为妻纲"，"五常"是指"仁义礼智信"，也是从这个时期开始我国进入了"罢黜百家，独尊儒术"的局面，儒家思想正式成了正统思想。到宋代，出现了程颐、程颢、张载、周敦颐、朱熹等儒学大家，儒学得到进一步发展，尤其是朱熹首次将"四书""五经"编在一起，成为历代王朝尤其明清时期科举选才的主要标准。

中华民族传统美德是中华民族几千年的精神积淀，是中华民族的精神特质。中华民族传统美德包含仁义礼智信等各个方面，主要体现于国家、社会与个人三个层面。在国家层面上，主要表现在忠君爱国、先国后家的爱国主义精神。如忠心不二、精忠报国的抗金英雄岳飞，抗击倭寇、守护国土、保卫国内安稳的戚继光，保家卫国、宁死不屈的文天祥等，他们在国家利益面前，都将自己的生命置之度外，将国家利益置于个人利益之上，表现出以爱国主义为核心的伟大民族精神。在社会层面上，中华民族传统美德主要包含助人为乐、见义勇为、尊老爱幼、宽以待人等，如孟子"老吾老以及人之老，幼吾幼以及人之幼"③的美好社会理想，管鲍之交的无私友情，廉颇蔺相如的将相和，这些都是我国史书中的美德典范。在个人层面上，主要是诚实守信、重义轻利、严于律己等，如古代的闻鸡起舞、悬梁刺股、曾子杀彘等故事，都是我们完善自身品格的参考。在中华民族长期历史发展进程中，传统美德

---

① 《孟子》，岳麓书社2021年版，第130页。
② 《论语》，南京大学出版社2019年版，第233页。
③ 《孟子》，岳麓书社2021年版，第13页。

的弘扬发挥了重要作用,是中华文明发展的不竭动力。

鸦片战争以来,众多爱国人士在探索救亡图存的实践中分别提出过"中体西用"论、"全盘西化"论、"儒学复兴"论等,但这些思想理论和探索都在救亡图存的实践中走向失败。1942年延安文艺座谈会上毛泽东同志阐述了"古为今用、洋为中用"的思想,这一思想也成为新中国成立以后文化建设的重要指导方针。实际上,毛泽东同志对古今中外文化的关系有一个长期的思考过程。青年时期,毛泽东就曾提出对于我国的历史文化应该"观往迹,制今宜"[1],对于国外的历史文化应该"取于外""资于内",认为"中国应该大量吸收外国的进步文化,作为自己文化食粮的原料"[2],"必须将古代封建统治阶级的一切腐朽的东西和古代优秀的人民文化即多少带有民主性和革命性的东西区别开来"[3],"我们必须尊重自己的历史,决不能割断历史"[4]。1956年8月,毛泽东同志在与音乐工作者谈话时对"中学""西学"又提出了自己的见解。他认为无论是古代文化还是国外文化,只要对社会主义先进文化建设有利的我们就要学,他指出:"中国的和外国的,两边都要学好","向古人学习是为了今天的活人,向外国人学习是为了今天的中国人。"[5] 可以看出,毛泽东同志坚决反对那种对中国传统文化完全否定的观点和对西方文化"全盘西化"的观点,他认为:"中国的长期封建社会中,创造了灿烂的古代文化。清理古代文化的发展过程,剔除其封建性的糟粕,吸收其民主性的精华,是发展民族新文化提高民族自信心的必要条件。"[6] 这些论述都是在马克思主义指导下和长期革命实践的经验积累中总结出来的。实践也证明,毛泽东同志提出的"古为今用、洋为中用"这一文化建设指导方针是科学的、符合我国国情的正确指导方针。

2012年,党的十八大报告明确了社会主义核心价值观,并将其基本内容概括为二十四个字,即在国家层面倡导"富强、民主、文明、和谐",在社会层面倡导"自由、平等、公正、法治",在个人层面倡导"爱国、敬业、诚

---

[1] 《毛泽东早期文稿(1912.6—1920.11)》,湖南出版社1990年版,第22页。
[2] 《毛泽东选集》第二卷,人民出版社1991年版,第706页。
[3] 《毛泽东选集》第二卷,人民出版社1991年版,第708页。
[4] 《毛泽东选集》第二卷,人民出版社1991年版,第708页。
[5] 《毛泽东文集》第七卷,人民出版社1999年版,第82页。
[6] 《毛泽东选集》第二卷,人民出版社1991年版,第707-708页。

信、友善。"① 2013 年，在《关于培育和践行社会主义核心价值观的意见》中对培育和践行社会主义核心价值观的意义和指导思想、实现途径等进行了详细阐述，并指出社会主义核心价值观与"中国特色社会主义发展要求相契合，与中华优秀传统文化和人类文明优秀成果相承接，是我们党凝聚全党全社会价值共识作出的重要论断"②。2017 年，习近平总书记在党的十九大会议上提到"社会主义核心价值观是当代中国精神的集中体现，凝结着全体人民共同的价值追求""发挥社会主义核心价值观对国民教育、精神文明创建、精神文化产品创作生产传播的引领作用"③。今天的中国特色社会主义文化建设都是结合了中华民族优秀文化成果的文化建设实践，是对中华传统文化精华的有效传承。

二、中国道路实践彰显中华传统文化特质

中国特色社会主义道路的实践是对中国传统文化发展所进行的现代重构，它深深植根于中华民族传统文化的肥沃土壤之中，吸收传统文化的精华，彰显中华民族的精神风格。具体表现在：中国特色社会主义道路实践基于中华民族独特的文化传统，彰显坚持社会主义方向、以人为本、改革创新、构建和谐社会、实现和平发展、法治与德治等现代特征。

（一）中国道路坚持社会主义方向

中国道路坚持社会主义方向，是我们党在实践马克思主义理论的基础上对传统"天下为公"思想的继承和创新，是马克思主义中国化理论创新的集中体现。

1. 中国道路是一条社会主义道路

"大道之行也，天下为公"④ 出自儒家经典《礼记》，描述了孔子所向往的理想社会，即大同社会。大同社会是中国传统文化中所设想的理想社会的最

---

① 胡锦涛：《坚定不移沿着中国特色社会主义道路前进 为全面建成小康社会而奋斗——在中国共产党第十八次全国代表大会上的报告》，人民出版社 2012 年版，第 31-32 页。
② 《十八大以来重要文献选编》上册，中央文献出版社 2014 年版，第 578 页。
③ 习近平：《决胜全面建成小康社会 夺取新时代中国特色社会主义伟大胜利——在中国共产党第十九次全国代表大会上的报告》，人民出版社 2017 年版，第 42 页。
④ 《礼记》，金盾出版社 2010 年版，第 219 页。

高境界，是我们所理解的社会主义之源头，也是我们在实践中坚守的文化基因。

中国共产党是中国道路的领导主体，党在继承"天下为公"思想的基础上对其进行创新，提出了"立党为公、执政为民"的理念。"立党为公、执政为民"是中国共产党执政理念的核心内容，"民"是指人民，反映了共产党为人民执政、靠人民执政、以人民为主体的执政取向。马克思主义认为未来"代替那存在着阶级和阶级对立的资产阶级旧社会的，将是这样一个联合体，在那里，每个人的自由发展是一切人的自由发展的条件"①。只有共产主义社会才能实现全人类的解放，在共产主义社会中每个人都将得到全面而自由的发展，这也是无产阶级政党的奋斗目标。从这个层面而言，"公"就是要实现每个人的自由全面发展。因此，"立党为公"从根本上就是指中国共产党的理论和方针政策以及全部工作必须体现国家和人民的共同利益、全体民众的共同理想。

"天下为公"的"天下"是人民的天下。为了实现这一目标，中国共产党人通过不断探索，开辟了中国特色社会主义道路。中国特色社会主义道路坚持以公有制为主体的基本经济制度和以按劳分配为主体的分配制度；坚持无产阶级政党中国共产党的领导，强调党领导一切；坚持四项基本原则；坚持改革开放；坚持解放和发展生产力；等等。这些特征在本质层面是没有脱离科学社会主义的原则的，因此，我们今天坚持走的国家道路不是别的什么主义道路，而是在坚持科学社会主义理论基础上的社会主义道路。

在当代中国，"大道之行"这个"大道"就是中国特色社会主义道路。习近平总书记在党的十九大报告中曾引用"大道之行也，天下为公"② 这一古语，将中国共产党"立党为公、执政为民"理念与"天下为公"思想相结合，让"大道之行也，天下为公"在今天发挥出更大的意义。

2. 中国道路是实现"天下为公"的必由之路

在"天下为公"思想的基础上，儒家致力于建构"天下大同"的理想社会。实践证明，在我国，只有坚持社会主义方向，坚持走中国道路才能实现"大同社会"。

---

① 《马克思恩格斯选集》第 1 卷，人民出版社 2012 年版，第 422 页。
② 《礼记》，金盾出版社 2010 年版，第 219 页。

"天下为公"是设想未来理想社会人人财产平等，消灭私有制，且国家政权为人民服务。中国共产党带领全国各族人民确立公有制为主体的基本经济制度，保证生产资料归全体人民所有，确保人民当家作主和社会主义方向不动摇。我国是社会主义国家，必须坚持公有制占主体地位，这是社会主义制度和资本主义制度的根本区别。正如邓小平同志所讲"社会主义的目的就是要全国人民共同富裕，不是两极分化"[①]，"只要我国经济中公有制占主体地位，就可以避免两极分化"[②]。只要是社会主义，就必然要去追求共同富裕，共同富裕是我国进行国家发展建设的题中之义。中国共产党坚持把共同富裕作为执政的不懈追求，把逐步实现共同富裕、建设富强民主文明和谐美丽的社会主义现代化强国作为奋斗目标，体现了共产党人天下为公的人民情怀。

"大同"社会为共产党人信仰共产主义理想提供了文化基础，全面建成小康社会与大同理想一脉相承。"小康"作为一种社会向往，最早在《礼记·礼运》中得到系统表述，成为仅次于"大同"的社会模式。小康社会是人民向往富裕生活的理想目标。党的十六大报告中明确指出"我们要在本世纪头二十年，集中力量，全面建设惠及十几亿人口的更高水平的小康社会"[③]。十八大以来，以习近平同志为核心的党中央致力于全面建成小康社会。全面建成小康社会的一个重要表现是民本，即以人民为中心，爱民，惠民，利民，富民，安民，对待人民一视同仁，不搞区别对待。在民有所需的教育、医疗、社会保障等方面，中国共产党都做出了清晰的规划和明确的举措：优先发展教育事业，扩大义务教育普及范围，使"幼有所育、学有所教"；完善按劳分配为主体、多种分配方式并存的分配制度，使"劳有所得"，注重收入分配公平；加强养老保险和医疗保险体系建设，使"病有所医、老有所养"；坚决打赢脱贫攻坚战，消除贫困，实现共同富裕，使"住有所居、弱有所扶"；加强平安中国建设，维护社会和谐稳定，确保国家长治久安，人民安居乐业。

中国道路坚持社会主义方向，体现了对传统文化中"天下为公""天下大同"思想的创造性转化和创新性发展。在新的历史条件之下，我们更需坚定道路自信、文化自信，以自信却不自傲的崭新姿态去克服重重险阻，迎接一

---

① 《邓小平文选》第三卷，人民出版社1993年版，第110-111页。
② 《邓小平文选》第三卷，人民出版社1993年版，第149页。
③ 《十六大以来重要文献选编（上）》，中央文献出版社2005年版，第557页。

个新时代的中国。

（二）中国道路坚持以人为本

以人为本是中国共产党对传统民本思想的继承和创新，也是中国共产党在实践马克思主义理论的基础上提出来的，是对马克思主义中国化的理论创新。"坚持以人为本，树立全面、协调、可持续的发展观，促进经济社会和人的全面发展"① 是中国共产党在十六届三中全会上通过的《中共中央关于完善社会主义市场经济体制若干问题的决定》中提出的，这是我党首次正式将"以人为本"思想纳入执政思想体系中，同时体现了我党执政为民的理念以及全心全意为人民服务的宗旨，具有重要意义。以人为本思想建立在人民民主专政和社会主义公有制基础上，它的本质和核心就是"人"，真正将"人"放在社会进步和经济发展的第一位。

1. 中国道路坚持"以经济建设为中心"是在经济建设中把人民放在首位

《管子·治国》中提到"凡治国之道，必先富民。民富则易治也，民贫则难治也。"② 随后，孔子在《论语·尧曰》提出"因民之所利而利之"③。孟子也提出"民之为道也，有恒产者有恒心，无恒产者无恒心"④。以上表述都说明人民富裕是固本安民的首要任务，正所谓民富则安、民贫则乱。中国特色社会主义在借鉴富民思想基础上对其进行有效革新，使之具有时代价值。

中国共产党在经济上着眼于人民生活水平的提高。邓小平同志认为提高人民生活水平是党和国家"最大的事情""最大的政治"。他对社会主义的本质进行总结概括，即"社会主义的本质，是解放生产力，发展生产力，消灭剥削，消除两极分化，最终达到共同富裕"⑤。要以解放和发展生产力为基础，鼓励一部分地区、一部分人先富起来，通过先富带后富，实现共同富裕，让每个人都享有改革发展的成果。以经济建设为中心的基本路线、"三个有利于"标准以及"三步走"的发展战略等，都是我们党和国家从经济方面维护人民利益的具体表现，体现了对人民物质生活水平的重视，这为人民获得政治上的民主、享受文化上的繁荣奠定雄厚的物质基础。进入新时代以来，党

---

① 《十六大以来重要文献选编》上册，中央文献出版社 2005 年版，第 465 页。
② 《管子》，北京燕山出版社 1995 年版，第 335 页。
③ 《论语》，南京大学出版社 2019 年版，第 411 页。
④ 《孟子》，岳麓书社 2021 年版，第 75 页。
⑤ 《邓小平文选》第三卷，人民出版社 1993 年版，第 373 页。

中央坚持以人民为中心,鲜明地提出了五大新发展理念。共享是中国特色社会主义的本质要求,创新、协调、绿色、开放的最终落脚点都在共享,我国发展经济是为了使全体人民共同享受国家经济、政治、文化、社会、生态文明等各方面的建设成果。"人民,只有人民,才是创造世界历史的动力。"[①] 人民群众不仅是历史成果的创造者,更是历史成果的享有者和享受者。因此,必须尊重人民群众首创精神,切实做到既依靠于群众又服务于群众。坚持共享发展,不断把经济发展的"蛋糕"做大,还要不断把"蛋糕"分好,让人民群众有更多的获得感。

当前,中国正处在发展和变革的重要时期,我国社会的主要矛盾已经发生转化。我们必须通过全面深化改革以促进新时代经济发展,转变经济发展方式,大力推动各产业结构的优化升级,以适应此矛盾的转变,为更好地满足人民幸福生活奠定坚实的经济基础。

2. 中国道路坚持全过程人民民主是在政治建设上维护好人民的根本利益

荀子在《荀子·王制》中将君主和百姓之间比作舟与水的关系,即"君者,舟也;庶人者,水也。水则载舟,水则覆舟"[②]。"政之所兴在顺民心,政之所废在逆民心"[③] 出自《管子·牧民》,说的是一个国家政治兴盛与废弛的关键在于民心。传统民本思想认为百姓是国家的根本,中国特色社会主义在传承和发展传统民本思想的基础上创造性地提出以人民为中心思想。"民心",即人民群众心之所向,是关乎一个执政党地位和根基的根本问题,《管子·牧民》中的这句话正说明了民心与执政之间是相辅相成的关系。江泽民同志也曾指出"人心向背,是决定一个政党、一个政权兴亡的根本性因素"[④]。中国共产党的一切方针政策都以人民群众的利益为出发点,想群众之所想,急群众之所急。解决好群众关心的问题,始终同人民群众保持密切联系,如此人民群众才能拥护中国共产党,国家政局才会稳定。我们党和政府正是明白了民心和执政之间的关系,才获得了人民群众的拥护和支持。

胡锦涛同志在党的十七大报告首次提出了"人民民主是社会主义的生

---

① 《毛泽东选集》第三卷,人民出版社 1991 年版,第 1031 页。
② 《荀子》,二十一世纪出版社 2015 年版,第 75 页。
③ 《管子》,北京燕山出版社 1995 年版,第 20 页。
④ 《江泽民文选》第三卷,人民出版社 2006 年版,第 185 页。

命"①的论断，突出强调了贯彻我们党发展始终的重要观点，即人民当家作主是社会主义民主政治的本质和核心。发展社会主义民主政治，关键在于坚持党的领导、人民当家作主、依法治国的有机统一：完善人民代表大会制度、中国共产党领导的多党合作和政治协商制度、民族区域自治和基层群众自治制度，从制度上保障人民当家作主；坚持依法治国，按照法律规定依法执政、依法办事，为人民当家作主做好法律保障；同时，党员干部要做到权为民所用，情为民所系，利为民所谋，真正做到为民服务。

进入新时代以来，习近平总书记提出"我将无我，不负人民"②的重要论断，将以人民为中心思想贯彻到中国特色社会主义建设的各方面，并且一再强调，要"以百姓心为心"③，切身体会民心所向、民生疾苦。我们党在理论上鲜明地提出以人民为中心的发展思想，在实践中坚持贯彻全过程人民民主，明确要求以人民利益为出发点和落脚点，这些都体现出党毫不动摇地坚持人民主体地位的初心。

3. 社会主义先进文化建设始终围绕"以人民为中心"逐步展开

文化，不论是对于微观层面的个人还是对于宏观层面的民族、国家，都有着极为重要的意义。中国道路在发展的过程中始终把文化摆在重要位置，发展人民大众喜闻乐见的社会主义先进文化，满足人民的精神文化需要。

新中国成立以来，党和政府积极探索和发展社会主义先进文化，对传统文化取其精华、去其糟粕，提出文学艺术要坚持"双为"与"双百"方针，对于传统文化和外来文化要古为今用、洋为中用、推陈出新、革故鼎新，这些重要举措都为中国特色社会主义文化事业的发展指明了方向。1978年以来，我们把文化建设摆在更加突出的位置。党的十五大提出中国特色社会主义的文化，即"以马克思主义为指导，以培育有理想、有道德、有文化、有纪律的公民为目标，发展面向现代化、面向世界、面向未来的，民族的科学的大众的社会主义文化"④。2006年，党的十六届六中全会首次提到了"建设社会主义核心价值体系"这个重大命题和战略任务。在此基础上，党的十八大首

---

① 《十七大以来重要文献选编（上）》，中央文献出版社2009年版，第22页。
② 《习近平新时代中国特色社会主义思想学习纲要（2023年版）》，学习出版社、人民出版社2019年版，第7页。
③ 《道德经》，三秦出版社2018年版，第106页。
④ 《江泽民文选》第三卷，人民出版社2006年版，第537页。

次提出二十四字的社会主义核心价值观,从而把国家、社会和公民三个层面的价值融为一体,从根本上体现了社会主义文化建设的以人为本。进入新时代以来,我们党牢牢掌握意识形态工作领导权,巩固马克思主义领导地位,立足优秀传统文化和革命文化,发扬伟大民族精神,培育和践行社会主义核心价值观,大力发展文化事业和文化产业,建设社会主义文化强国,在文化方面切实做到以人为本。

4. 坚持保障和改善民生是"以人为本"思想在社会建设的具体实践

百姓是一个国家的根基,只有解决好百姓关心的生活问题,国家的根基才会稳定。民生是人民幸福之基、社会和谐之本。受传统文化的影响,中国特色社会主义道路高度重视发展民生,坚持以人民为中心,发展各项社会事业,增进民生福祉。

民生问题涉及百姓生活的方方面面,从子女的教育问题到老年人的养老问题,从医疗问题到住房问题,从就业问题到收入分配问题,等等,这些都是民生问题多方位具体化的现实体现,都是与广大人民群众生活息息相关的现实问题。国家之发展,民族之振兴,最终都要落实到与人们生活最紧密相连的民生问题上来,因此,在坚持走中国道路的过程中,我们把社会建设作为战略任务来对待与推进,高度重视事关百姓根本利益的民生问题。习近平总书记曾明确指出"要按照守住底线、突出重点、完善制度、引导舆论的思路,深入细致做好社会托底工作。要完善各项社会政策,努力提高就业、养老、教育、医疗、环境保护等公共服务水平"[①]。而在具体的实践过程中,不论是坚持以人民为中心发展教育,还是深化医疗改革以健全社会保障体系,抑或是通过专项扶贫、行业扶贫和社会扶贫以解决区域性贫困,从中我们都可以看出,在推进社会建设、改善民生的工作中,不论是目标任务,还是实践途径或基本原则,都始终遵循了"以人为本"的基本理念,都以最广大人民的根本利益为根本。在我国,发展、保障、改善民生并不是一句空口白话,而是以人为本、因地制宜的科学政策,是一分部署、九分落实的实践行动。正是因为科学理论与具体实践的双重契合,我国在民生工作的推进中才取得了巨大成就。党的十九届四中全会对我们在国家制度和国家治理体系上所体

---

① 《习近平谈治国理政》第二卷,外文出版社 2017 年版,第 367 页。

现出来的显著优势进行了概括,其中,"坚持以人民为中心的发展思想,不断保障和改善民生、增进人民福祉,走共同富裕道路"① 就是最集中的优势体现。中国共产党始终将"以人为本"的深刻理念贯穿于执政实践之中,执行于当下,解民生之忧,谋民生之利,造民生之福,是我国传统的"人本"文化在当下之中国的重新塑造及具体实践。

5. 美丽中国是在满足人民生态需求基础上所提出的生态文明建设目标

荀子提出"制天命而用之"② 观点,强调人在实践过程中应该大力发挥其本身所具有的主观能动性。"万物各得其和以生,各得其养以成"③,传统文化历来强调天人合一、尊重自然。我国曾经在追求生产力和经济快速发展的过程中出现了环境的污染、资源的缺乏、生态系统的失衡等一系列问题。面对如此严峻的形势,党中央在继承和发展传统"天人合一"思想的基础上,提出人与自然和谐共生、建设美丽中国的发展理念和重大举措。

人与自然的关系并不是附属关系,而是平等关系。人类决不能凌驾于自然之上,而应该对其有敬畏之心、感恩之情,尊重自然的存在,这是人与自然相处的首要态度。在与自然相处的过程中,要顺应并尊重自然规律,按规律办事,这是人与自然相处的基本原则。面对人类对自然所造成的破坏,人类要发挥主观能动性,呵护自然,保护自然,这是人与自然相处的重要责任。当然,从发展的角度上说,人与自然和谐发展也十分重要。绿水青山就是金山银山,保护环境就是保护生产力,改善环境就是发展生产力,要注重处理好生态环境保护和经济发展之间的关系,绝不能为了经济发展牺牲生态环境。十八大以来,我们党和政府加强生态文明体制改革,推进绿色发展、低碳发展,解决突出的环境问题,改革优化生态环境的监管机制,逐步推进了生态文明建设的各项工作。

为人民群众创造良好的生态环境,给子孙后代留下天蓝、地绿、水清的生产生活环境,是新时代共产党人深厚的民生情怀和强烈的责任担当。把生态环境建设作为最普惠的民生福祉,是以人为本在生态层面的突出体现。党和政府坚持生态文明建设为人民的根本原则,贯彻落实节约资源、保护环境

---

① 《中共中央关于坚持和完善中国特色社会主义制度 推进国家治理体系和治理能力现代化若干重大问题的决定》,人民出版社 2019 年版,第 4 页。
② 《荀子》,二十一世纪出版社 2015 年版,第 179 页。
③ 《荀子》,二十一世纪出版社 2015 年版,第 174 页。

的基本国策，建设资源节约型、环境友好型社会，不断满足人民对良好生态环境新需要，提高人民生活质量。

中国特色社会主义理论中所体现的"以人为本"不是古代民本思想中统治阶级的"民本"，而是始终将"人民"二字作为各方面发展的立足点，真正地为人民服务，真正站稳人民立场上、以人民利益为本。以人为本既是今天中国对以传统民本思想的突破与创新，也是马克思主义与中国实际相结合所结出的理论创新之果，无疑具有重要作用。

（三）中国道路坚持改革创新

中华民族的发展史是一段不断求索、不断改革、不断创新的历史。在中华民族五千多年的发展中，蕴含着丰富的改革和创新思想，这些思想为我们当下的中国道路的形成、坚持与发展提供了丰富的文化养料。与此同时，这些养料通过党带领广大人民群众的共同实践转化成了兼具传统意蕴与现代色彩的精神文化，并渗透于中国道路实践的方方面面。

1. 改革开放的提出、坚持与发展是改革创新的文化传统在国家战略层面的时代回应

我国古代的经典著作《周易》里曾写道"穷则变，变则通，通则久"①，即任何事物要想长久发展必须懂得变通，敢于革新。在经历了"文革"之后，邓小平同志充分发扬了这种革新的精神，指出"一个党，一个国家，一个民族，如果一切从本本出发，思想僵化，迷信盛行，那它就不能前进，它的生机就停止了，就要亡党亡国"②。面对阻碍发展的各种体制机制弊端，以邓小平同志为核心的党中央否定了"两个凡是"，坚决作出了改革开放的历史性决策。改革开放是新时期最鲜明的特点，邓小平同志指出"改革是中国的第二次革命"③，改革最根本的就是破除束缚我国发展的各种经济体制、政治体制以及其他方面的体制，从而提供一个良好的运行机制和制度环境，进而促进我国生产力的发展。在我国，广大农村地区是改革的先行者。以家庭联产承包责任制在农村率先得到试行为例，其充分激发了农民的生产积极性，提高了农业生产力。开放也是一种改革，1997年党的十五大报告讲道："对外开放

---

① 《周易》，青岛出版社2011年版，第215页。
② 《邓小平文选》第二卷，人民出版社1994年版，第143页。
③ 《邓小平文选》第三卷，人民出版社1993年版，第113页。

是一项长期的基本国策，面对经济、科技全球化趋势，我们要以更加积极的姿态走向世界，完善全方位、多层次、宽领域的对外开放格局，发展开放型经济，增强国际竞争力。"① 在坚持对外开放这一基本国策中，我们既做到了对不同发展程度国家的开放，也做到了在不同行业领域的开放，这就使得我们能够充分吸收人类社会包括资本主义国家的先进文明成果，再通过实践的创新发展为我所用，从而加速推进中国的现代化建设。

党的十八大以来，改革创新的文化传统进一步得到弘扬，党中央提出了全面深化改革战略布局，积极推动国内多方位体制机制改革，通过供给侧结构性改革构建高质量的现代化经济体；通过"放管服"，简放政权，构建高效的政府行政体系；通过完善医疗住房教育服务，构建健全的社会保障体系；等等。同时积极推进国际经济文化等多领域的交流交往。党中央强调"打开窗子，才能实现空气对流，新鲜空气才能进来"②，在全面深化改革的基础上，党中央又相继提出了"全面对外开放""更高水平的对外开放"等概念，进一步深化了对外开放的理念。在新时代，我们以"一带一路""人类命运共同体""亚投行""上海自由贸易试验区"等为新载体，使我国对外开放的水平迈上了一个新的台阶。正如习近平总书记所讲，"40 年的实践充分证明，改革开放是党和人民大踏步赶上时代的重要法宝，是坚持和发展中国特色社会主义的必由之路"③。几十年来，改革开放犹如车之双轮鸟之双翼，为中国特色社会主义道路的坚持与发展注入了不竭的动力。

2. 社会主义市场经济的建立完善是改革创新的文化传统在经济领域的显著体现

"苟日新，日日新，又日新"④ 表达了我们应该坚持每日除旧更新并持之以恒、从不间断的精神。在我国社会主义市场经济体制改革的过程中，我们就充分发扬了这种"除旧更新"的精神，通过对以往僵硬死板、束缚生产力发展的计划经济体制的破除，减少了政府对于经济发展的过多的干预，遵循了市场经济的一般规律，更充分地实现了让市场去调节社会基本的生产和分配等等。在 1992 年的南方谈话中，邓小平就提出"计划经济不等于社会主

---

① 《江泽民文选》第二卷，人民出版社 2006 年版，第 26-27 页。
② 慎海雄、蒋斌、王珺：《习近平改革开放思想研究》，人民出版社 2018 年版，第 306 页。
③ 习近平：《在庆祝改革开放 40 周年大会上的讲话》，人民出版社 2018 年版，第 21 页。
④ 《大学·中庸》，四川人民出版社 2019 年版，第 15 页。

义，资本主义也有计划；市场经济不等于资本主义，社会主义也有市场"① 的重要论断。基于这一论断，党中央在1992年召开的十四大上提出了"我国经济体制改革的目标是建立社会主义市场经济体制，以利于进一步解放和发展生产力"②，并指出"要使市场在社会主义国家宏观调控下对资源配置起基础性作用，使经济活动遵循价值规律的要求，适应供求关系的变化"③。这就意味着我们对于要建立何种社会主义市场经济有了初步的认识。而在1993年所通过的《关于建立社会主义经济体制若干问题的决定》中，正式将我国社会主义市场经济的四梁八柱建立了起来，确定了框架。到20世纪末，我国的社会主义市场经济体制已经初步建立起来，但还需要进一步完善，因此，在2002年党的十六大报告中提出"本世纪头二十年经济建设和改革的主要任务是，完善社会主义市场经济体制"④。党的十八大以来，在全面深化改革的大背景下，我们进一步提出了要进一步加快完善社会主义市场经济体制，明确指出"坚持社会主义市场经济改革方向，核心问题是处理好政府和市场的关系，使市场在资源配置中起决定性作用和更好发挥政府作用"⑤。从我国社会主义市场经济体制建立与完善的过程，我们可以看到在市场与政府的关系上，两者的作用发生了显著性的转变。实际上我国对于市场经济的相关认知是通过实践摸索来不断调整不断优化的。可以说，社会主义市场经济是党与人民在社会主义建设理论与实践的重大创新和伟大创造，它实现了社会主义制度与市场经济深度融合，适应了实践的需要与时代的发展，不断突破了束缚生产力发展的桎梏，加速推动了我国经济体制的改革与创新。

3. 社会制度的完善与创新是改革创新的文化传统在制度层面的继续弘扬

《诗经》有写道："周虽旧邦，其命维新。"⑥ 大意是周朝虽然是个古老的国家，但上天却赋予了其不断革新的使命。在坚持与发展中国道路的漫漫征途中，我们充分发扬了这种"其命维新"的精神，既做到了保持社会主义的基本方向，又立足新的问题与新的实践，不断推进了我国制度的改革与创新。

---

① 《邓小平文选》第三卷，人民出版社1993年版，第373页。
② 《江泽民文选》第一卷，人民出版社2006年版，第226页。
③ 《江泽民文选》第一卷，人民出版社2006年版，第226页。
④ 《江泽民文选》第三卷，人民出版社2006年版，第544页。
⑤ 《习近平著作选读》第一卷，人民出版社2023年版，第183页。
⑥ 《诗经》，三秦出版社2018年版，第122页。

例如在处理中央与地方的关系上，我们就创新性地提出了民族区域自治制度和"一国两制"。1949年《中国人民政治协商会议共同纲领》中明确规定："各少数民族聚居的地区，实行民族区域自治。"① 后来，我们在1954年的宪法中正式将此制度确立为中国一项基本政治制度，并明确了其基本的内容，即在国家的统一领导下，以少数民族聚居区为基础，建立相应的自治地方，设立自治机关，行使自治权。民族区域自治制度作为我国基本的政治制度，其高效的践行既维护了我们国家的统一，解决了多民族国家如何保持稳定统一的历史难题，又尊重各民族的差异，保障了各民族的基本权利。正如江泽民同志所评价的："这种制度把国家的集中统一与少数民族聚居地区的区域自治有机结合起来，把政治因素与经济因素有机结合起来，是完全适合我国国情的解决民族问题的基本制度，是我们党和各族人民的一个伟大创举。"② 今天，56个民族的和睦相处、和衷共济、和谐发展的事实向我们有力地证明了，民族区域自治制度是一个适应我国复杂国情的伟大创举。

改革开放以来我国实行的"一国两制"也同样彰显了中国特色社会主义道路不断改革、不断创新的特质。由于历史原因，香港、澳门和台湾与内地（大陆）相分离，面对如此情况，邓小平同志曾明确指出："怎么解决这个问题，我看只有实行'一个国家，两种制度'。"③ 通过党和人民的不断努力，我们终于在1997年和1999年实现了香港与澳门的顺利回归，坚持了"一个中国"的原则，又做到了两制并存和高度自治，为争取祖国的早日统一创造了良好的制度环境。十八大以来，习近平总书记在出席香港回归祖国20周年庆祝活动期间指出："'一国两制'是历史遗留的香港问题的最佳解决方案，也是香港回归后保持长期繁荣稳定的最佳制度安排。"④ "一国两制"使得我们把用于解决国际事务的和平共处原则创新性地用于了一个国家内部统一的问题上来，既维护了祖国统一，又照顾到相应地区的历史与现实状况，是我们对马克思主义国家学说的创新发展，是解决港澳台问题、实现祖国统一的伟大

---

① 李新、彭明、孙思白等：《中国新民主主义革命时期通史（初稿）：第四卷》，人民出版社1962年版，第260页。
② 《江泽民文选》第一卷，人民出版社2006年版，第178-179页。
③ 《邓小平文选》第三卷，人民出版社1993年版，第59页。
④ 习近平：《在庆祝香港回归祖国二十周年大会暨香港特别行政区第五届政府就职典礼上的讲话》，人民出版社，2017年版，第4页。

构想与创新性的制度安排，是我们党和人民立足新实践、解决新问题不断革新的时代产物。除此之外，我国的人民代表大会制度、中国共产党领导的多党合作和政治协商制度、基层群众自治制度、基本的经济制度、基本的分配制度以及其他方面的制度，都是适应时代新变化、立足发展新实践、满足人民新需求、不断改革、不断创新、不断完善的极具中国特色的国家制度，都是我国改革创新的文化传统在制度层面的真实体现与创新发展。

4. 生态文明建设是改革创新的文化传统在生态层面的灵活应用

《周易·系辞上》曾曰："日新之谓盛德。"① 即每日不断创新乃是崇高圣德。面对工业文明带来的生态危机问题，我们发扬了这种"日新"精神，提出了"生态文明"这一新的概念。生态文明是在以往三大文明基础上的新创造，其具有丰富的内涵。从广义角度而言"生态文明是指人类遵循人、自然、社会和谐发展的客观规律，改造自然和社会而取得的物质与精神成果的总和"②。而从狭义角度来说，主要指的是"人与自然的关系，是人以自然资源的承载力为基础、以自然规律为准则、以可持续的社会经济政策为手段、以致力于构建一个人与自然和谐发展的社会为目标的文明形态"③。2007 年，生态文明首次被写入党的十七大的报告之中，在 2009 年党的十七届四中全会，我国的生态文明建设更是作为我国的一大战略任务被提出。生态文明至关重要，十八大以来，生态文明建设融入我国的"五位一体"的总体布局中，习近平总书记指出我们要"把生态文明建设融入经济建设、政治建设、文化建设、社会建设各方面和全过程"④，从大局着眼小处着手，逐步改变我国生态环境不甚良好的严峻态势，从而不仅满足国内人民对美好生态的需求，也为世界的生态治理提供有益经验。生态文明作为人类新的文明形态，作为人类文明发展的新阶段，是对传统文明尤其是近代以来工业文明所带来的全球变暖、环境破坏、资源短缺等困境与危机的深刻反思，是人类文明的重大突破与重大创新。在当下的中国，我们坚持发展的整体观、全局观，积极把生态文明建设融入各个领域，着力形成全方位生态发展的良好格局，从而助力我国生产发展、生活富裕、生态良好发展道路的全面推进。生态文明建设的提

---

① 《周易》，青岛出版社 2011 年版，第 197 页。
② 田克勤、李彩华、孙堂厚：《中国化马克思主义通论》，人民出版社 2013 年版，第 315 页。
③ 田克勤、李彩华、孙堂厚：《中国化马克思主义通论》，人民出版社 2013 年版，第 316 页。
④ 《习近平关于全面深化改革论述摘编》，中央文献出版社 2014 年版，第 104 页。

出、坚持与发展，再次彰显了今天中国道路与时俱进、改革创新的重要特质。

（四）中国道路坚持构建和谐社会

改革开放以来，我们在取得巨大成就的同时涌现了很多现实问题，"个人主义"、追名逐利、生态恶化等社会问题开始出现。为了化解人自身、人与人、人与社会、人与自然之间不断加剧的矛盾，我们党和国家将我国传统"和"文化与社会主义和谐社会建设的现实需要相结合，提出了构建社会主义和谐社会的发展目标，实现对传统"和"文化的重构与超越，使其与当下的社会主义建设需求相适应。

之所以我国提出并如此重视社会主义和谐社会的构建，是基于改革开放以来，随着我国生产力水平的提高和经济的不断发展，社会不和谐现象不断凸显的结果。进入21世纪，随着我国经济的持续发展和人民生活水平的提高，中国共产党逐渐认识到和谐社会建设的必要性和紧迫性，并在2004年十六届四中全会上第一次正式提出了我国要"构建社会主义和谐社会"重大任务，并对它的基本内涵做出了明确的说明，强调了要构建一个各尽所能、各得其所又和谐相处的良性运行的社会。2006年，在中国共产党第十六届中央委员会第六次全体会议上通过的《中共中央关于构建社会主义和谐社会若干重大问题的决定》，对社会主义和谐社会的具体内容、主要目标等多个方面内容进行了较为完备且详细的阐明。2012年，在党的十八大报告中"和谐"一词作为国家发展的重要目标成为倡导社会主义核心价值观的重要内容，从而明确了构建和谐社会的具体化价值方向。

"和谐"一词作为新时代我国社会主义核心价值观的重要内容，是对我国传统"和"文化的继承与发展、超越和创新。首先，弘扬优秀传统"和"文化，能促进人自身的和谐。我国儒学强调"修身、齐家、治国、平天下"，而以修身居首，把提升自身的能力与素养放在第一位，可见修身促进人自身和谐的重要性。人类社会是由每一个个人组成的，提升个人的综合素养是促进人与人、人与社会、人与自然和谐的根本前提。因此，建设社会主义和谐社会必须把促进人自身的和谐、普及社会主义核心价值观教育、提高每一位公民的个人素养放在首要位置。其次，弘扬优秀传统"和"文化，能实现人与人之间的和谐。马克思认为，人们在社会生活中为了进行生产，就必须发生一定的社会关系，必须进行交往，否则生产就不能进行。随着新中国成立，我国结束了几千年的压迫剥削制度,人民群众翻身成了国家的主人,实现了政治地位上的平等。改革开放以来,伴随着经济的快速发展,越来越需要人们能够对物质利益追求和精神道德规范诉求有清晰客观的认识。我国传统文化强调"礼之用,和为贵"①,教育人们应该互相以礼待之,每个人都应该怀有谦让、宽容、平等的胸怀,尤其在今天物质越来越丰富的现代社会,我们更应该以客观正确的眼光看待物质利益,更加重视人际关系之间的和谐。再次,弘扬优秀传统"和"文化,能促进推动人与社会的和谐。马克思认为,人的本质是具有社会性的。每个人都是社会的一分子,每个人的生活都离不开社会活动。在西方资本主义价值观念诸如个人主义、物质主义等逐渐泛滥的影响下,我们更应该弘扬和传播我国古代传承下来的"重义轻利""舍生取义""个人利益服从集体利益"等优秀传统文化思想,使我国人民群众自觉抵制"重利轻义"等错误思想,把社会、国家利益放在首位。正如习近平总书记所强调的:"历史告诉我们,每个人的前途命运都与国家和民族的前途命运紧密相连。国家好、民族好,大家才会好。"② 最后,弘扬优秀传统"和"文化,能实现人与自然的和谐。改革开放以来,我国经济社会发展变化日新月异:一方面,各产业迅速发展,尤其第二产业发展迅速,极大提高我国的生产能力与生产水平;另一方面,人民群众物质生活水平得到极大提高。但也在追求快速发展的过程中产生了一些问题,诸如环境严重污染,废气排放超标,垃圾乱排乱扔等,导致我国人与自然矛盾加剧,也影响了我们自身的生活质量。我国传统文化强调"天人合一","天"指的就是我们赖以生存的大自然,"天人合一"就是强调人无论什么时候都是大自然的一分子,人与自然是一个整体。因此,我们不能把自然与人对立起来,而应该在利用自然、开发自然的同时更要注重保护自然,实现人与自然的和谐共处,从而才能实现人类的持续发展。

(五)中国道路坚持和平发展

中国特色社会主义道路是一条和平发展道路。2012年十八大召开之后,习近平总书记立足我国的优秀传统文化,积极构建新型国际关系,提出亲诚惠容的周边外交理念,践行了正确义利观和真实亲诚的同发展中国家团结合

---

① 《论语》,南京大学出版社2019年版,第11页。
② 《习近平著作选读》第一卷,人民出版社2023年版,第63页。

作的美好愿景，推动构建人类命运共同体，推进"一带一路"建设等，不断赋予了中华传统文化的新时代内涵，使我国的和平发展道路迈上了新台阶。

1. 坚持与邻为善以邻为伴和亲诚惠容的周边外交新理念

亲仁善邻、协和万邦是中华民族的处世之道。"协和万邦"思想最早记载于《尚书》。《尚书·尧典》讲道："克明俊德，以亲九族；九族既睦，平章百姓；百姓昭明，协和万邦。"强调执政者应该发扬崇高品德，和睦族人；等一族和睦之后，再去明辨他族之事；等各族之事都辨明之后，就应该协调和顺万邦诸侯。这是古代中国人对邻里安宁、万邦和顺的向往和憧憬。北宋理学家张载在《西铭》中讲道："民，吾同胞；物，吾与也。"这实际上是将天下所有人都作为自己的同胞，将世间万物都作为人类的亲密伙伴。这无疑使"协和万邦"思想延续，彰显了对全人类范畴的深刻认识，也凸显了中华文化在这个问题上的传承。今天，中国外交倡导各国相互尊重、相互合作、共同发展，推动共同建设一个更加美好的世界。尤其是在 2013 年，习近平总书记在周边外交工作会议上明确指出："打造周边命运共同体，秉持亲诚惠容的周边外交理念，坚持与邻为善、以邻为伴，坚持睦邻、安邻、富邻，深化同周边国家的互利合作和互联互通。"① 今天，我国所推行的周边外交理念可以说是中国传统邻里间处世之道在外交层面上的一次重新塑造与典型体现。所谓"亲"即中国与周边国家要和睦相处、相亲相爱；所谓"诚"即指中国与周边国家要以诚相待、相互信任；所谓"惠"即指中国与周边国家互惠共赢、共谋发展；所谓"容"即指中国与周边国家要求同存异、兼容并蓄。蒙古、朝鲜、巴基斯坦、越南、老挝等周边国家与中国一衣带水，有着最为接近的地缘关系，基于此，在处理与周边国家的关系上我们必须践行与邻为善、以邻为伴，坚持亲诚惠容的周边外交理念。十多年来，我国积极与周边国家发展友好合作关系，不断增强政治互信，通过密集的元首外交、良好的经贸往来、深入的区域合作、平等的对话协商，使周边命运共同体不断落地生根，使"一带一路"互联互通成果显著，使对话协商成为解决区域热点问题的有效方案；与各国合作应对地区共同安全，塑造和平稳定局面，走出了一条睦邻友好、合作共赢的光明大道，其中体现并蕴藏着中华传统文化深厚的文化底蕴

---

① 《习近平著作选读》第二卷，人民出版社 2023 年版，第 320 页。

和根基。

2. 践行正确的义利观和真实亲诚的外交理念

中国传统义利观强调重义轻利，儒家强调"君子喻于义，小人喻于利"①"志士仁人，无求生以害仁，有杀身以成仁"② 等等，这种价值取向是中华民族历经千年所传承下来的优秀文化。今天，坚持真实亲诚的外交理念是传统义利观在当下中国的创造性转化与现实体现。2013 年 3 月，在非洲访问的时候，习近平总书记首次提出了义利相兼，以义为先的正确义利观。

2014 年 7 月，习近平总书记在韩国国立首尔大学演讲时指出，国不以利为利，以义为利也。在国际合作中，我们要注重利，更要注重义。正确义利观突出体现了中国传统文化中"义利并举、以义为先"的思想。2015 年 9 月，习近平总书记在第七十届联合国大会一般性辩论上的讲话中，着重论述了构建人类命运共同体的原则和路径，指出："我们要在国际和区域层面建设全球伙伴关系，走出一条'对话而不对抗，结伴而不结盟'的国与国交往新路。大国之间相处，要不冲突、不对抗、相互尊重、合作共赢。大国与小国相处，要平等相待，践行正确义利观，义利相兼，义重于利。"③ 中国坚持在政治上秉持公道正义，坚持平等相待；在经济上坚持互利共赢，致力于促进全世界的共同发展。这种义利兼顾，讲信义、重情义、扬正义、树道义的相处之道，在广大发展中国家中产生积极反响，受到广泛赞誉。"义利并举、以义为先"的正确义利观，既是古代传统义利观的现代创新发展，又是共克时艰、共赢发展的时代精神的弘扬。

3. 崇尚和合，推动构建人类命运共同体

"和合"理念是我国优秀传统文化基因，是中华民族先贤们在实践中孕育的智慧结晶，它影响着中国人的交往观念与处世原则。在儒学中，"和"指的是和谐、和平；"合"指的是聚合、融合的意思。传统儒学认为，人与人是共生共存的，所以人与人之间应该抱有一颗"仁"者之心，应该和谐相处。人类命运共同体理念正是在马克思主义指导下结合我国"和合"优秀传统文化的基础提出来的。构建人类命运共同体是习近平总书记将我国传统的"和合"

---

① 《论语》，南京大学出版社 2019 年版，第 66 页。
② 《论语》，南京大学出版社 2019 年版，第 313 页。
③ 《习近平在联合国成立 70 周年系列峰会上的讲话》，人民出版社 2015 年版，第 16 页。

理念进行升华，站在全人类的高度进行的思虑与考量，是解决和破解当今世界复杂形势和所面临的诸多棘手难题的中国方案。2013 年，习近平总书记在博鳌亚洲论坛上曾讲道："人类只有一个地球，各国共处一个世界。共同发展是持续发展的重要基础，符合各国人民长远利益和根本利益。我们生活在同一个地球村，应该牢固树立命运共同体意识。"① 之后，习近平总书记在国内外多种场合积极倡导构建人类命运共同体。2018 年 3 月，我国第十三届全国人民代表大会第一次会议上将构建人类命运共同体正式写入宪法，从而成为我国在对外交往合作中必须依法坚持的重要原则与发展目标。关于人类命运共同体的构建，习近平主席早在出席的第七十届联合国大会一般性辩论会议上就曾明确指出，构建人类命运共同体要努力"建立平等相待、互商互谅的伙伴关系""营造公道正义、共建共享的安全格局""谋求开放创新、包容互惠的发展前景""促进和而不同、兼收并蓄的文明交流""构筑尊崇自然，绿色发展的生态体系"②。可以看出，崇尚和合，构建人类命运共同体，它既有利于提升我国国际话语权、助力我国民族复兴的伟大梦想，同时，也为世界上的其他国家提供了可供选择的发展新途径，对维护世界稳定与人类安全，促进世界各国共同发展具有重要意义。其中也体现了中华民族几千年来的崇尚和合的传统文化理念。

4. 立己达人，推进"一带一路"建设

立己达人，即想要自己获得成功就要先帮助别人获得成功。立己达人是我国儒学的重要思想，是处理人际关系的重要标准与原则。孔子强调"己欲立而立人，己欲达而达人"③，认为想要做到"仁"，就要首先做到"立己达人""推己及人"。我国推进的"一带一路"建设就是对立己达人优秀传统文化的继承与发扬。

"一带一路"这一概念缘起于 2013 年习近平总书记的一次演讲，即在哈萨克斯坦纳扎尔巴耶夫大学的演讲，由此陆上"丝绸之路经济带"这一设想开始有了雏形。同年 10 月，在印度尼西亚国会作演讲时习近平总书记又提出了"21 世纪海上丝绸之路"的概念。随后，我国领导人在出国访问期间多次

---

① 习近平：《共同创造亚洲和世界的美好未来——在博鳌亚洲论坛 2013 年年会上的主旨演讲》，人民出版社 2013 年版，第 4 页。
② 《习近平著作选读》第二卷，人民出版社 2023 年版，第 21 页。
③ 《论语》，南京大学出版社 2019 年版，第 116 页。

重申"丝绸之路经济带"与"21世纪海上丝绸之路"的设想,并逐步从提出设想到方案设计并最终落实实践,进而在短时间内取得了突出的成果。十多年来,已经有蒙古、新加坡、印度、哈萨克斯坦、希腊等一百多个国家对"一带一路"建设作出积极响应,并主动参与其中,可以说,"一带一路"建设已经成为当今世界最大的国际合作交流平台。2023年,中国政府发布了《共建"一带一路":构建人类命运共同体的重大实践》白皮书,统计数据显示,中国与共建国家进出口总额累计19.1万美元,与共建国家双向投资累计超过3800亿美元。

我国坚持共商、共建、共享的原则,以中国的经济发展为契机,加强中外交流与合作,着力以"一带一路"建设为依托,推动中国与共建国家实现从上至下、从政策与资金到贸易与设施再到民心这五个主要方面的历史性"五通",以期共同打造出一个经济、政治、文化都能够共存共赢的利益共同体、命运共同体以及责任共同体。中国的发展离不开世界,世界的发展也需要中国。习近平总书记曾提到"中国欢迎各方搭乘中国发展的'快车''便车',欢迎世界各国和国际组织参与到合作中来"①。可以说,我国大力推进的"一带一路"建设,它不是一个国家或少数几个国家实现发展的幽僻小径,而是几十个国家甚至上百个国家共享机遇、共谋发展、互利共赢的康庄大道。借助"一带一路",可以为共建国家的各方面交流与合作提供一个便捷有效的一体化新渠道,实现共建国家各类资源的有效流通与高效配置。中国在抓住机遇、促进自身发展的同时始终坚持立己达人,让沿线的其他国家与中国一道突破桎梏,抓住机遇,实现发展。"一带一路"是"立己达人"的儒家理念在新的历史条件下的新发展,是各共建国家的共同展示的国际性平台,是中国与共建国家的和平发展共享繁荣之路。

(六)中国道路坚持法治与德治相结合

五千年的中华文明蕴藏着丰富的法治与德治思想,中国特色社会主义道路实践既传承了中华传统文化中法治与德治思想的合理之处,又立足于中国实际对其进行了创新性的转化。

1. 古代"德主刑辅"对我国法治与德治相结合的思想启示

我国德治法治思想由来已久。春秋战国时期孔子就提出了"为政以德,

---

① 《习近平谈治国理政》第二卷,外文出版社2017年版,第504页。

譬如北辰居其所而众星共之"①的德治思想；韩非子提出了"治民无常，唯法为治"②的法治思想；以及孔子的"道之以政，齐之以刑，民免而无耻；道之以德，齐之以礼，有耻且格"③，都体现了古代中国人民的治国智慧。

　　法治，顾名思义，就是依法而治，它是在新的历史条件下我国进行治国理政的基本原则与基本方式。法治作为治国理政的基本原则与方式，就必然要求作为反映广大人民共同意志和根本利益的法律必须具有不可撼动的权威，必须能够在社会中得到切实且普遍的贯彻与实施。在1999年通过的宪法修正案中明确提出"中华人民共和国实行依法治国，建设社会主义法治国家"④，这就首次以宪法的形式把依法治国上升为国家基本的治国方略。江泽民同志指出："法治和德治，从来都是相辅相成、相互促进的。二者缺一不可，也不可偏废。"⑤习近平总书记强调："坚持依法治国和以德治国相结合，强调法治和德治两手抓、两手都要硬。这既是历史经验的总结，也是对治国理政规律的深刻把握。"⑥法律的有效实施有赖于道德支持，道德践行也离不开法律约束。今天，中国坚持依法治国和以德治国相结合，重视发挥道德的影响作用，提高全社会文明程度，为全面依法治国创造良好人文环境；坚持推进全面依法治国，推进中国特色社会主义法治体系建设，建设社会主义法治国家。坚持法治与德治相结合是我国传统文化、国情实际和现实问题的历史发展的必然结果，是符合历史发展的一般性规律的，是社会主义人民民主制度化法律化的真实表现。

　　2."为政以德"的德治思想为今天领导干部的选拔培育提供了历史借鉴

　　在党政干部的选拔培育上，我们借鉴了儒家"为政以德"的思想，并结合全面依法治国的需要，不仅注重干部的德治教育，提升干部的德治素养，也注重其法治教育，提升其法治素养。领导干部作为群众选举出来的代表性公共人物，其一言一行对群众都具有示范效应，其作出的重大决定也对社会

---

① 《论语》，南京大学出版社2019年版，第17页。
② 《韩非子》，崇文书局2014年版，第100页。
③ 《论语》，南京大学出版社2019年版，第18页。
④ 《中华人民共和国第九届全国人民代表大会第二次会议文件汇编》，人民出版社1999年版，第85页。
⑤ 《江泽民文选》第三卷，人民出版社2006年版，第200页。
⑥ 习近平：《论坚持全面依法治国》，中央文献出版社2020年版，第166页。

发展有着重大影响。为政之要，重在立德，一名合格的领导干部首先需要加强道德修养。早在浙江期间，习近平同志就曾提到："所谓官德，也就是从政道德，是为官当政者从政德行的综合反映，包括思想政治和品德作风等方面的素养。"① 作为一名干部要想成长成才，就必须"以德修身、以德立威、以德服众"②，就必须"加强党性修养、筑牢信仰之基，加强政德修养、打牢从政之基，严守纪律规矩、夯实廉政之基，健全基本知识体系、强化能力之基"③。相反，一名领导干部若是有才而无德，不具有高尚的道德情操，不从人民的根本利益出发想问题、做决策、办事情，那也是绝不可能获得百姓的拥护与爱戴的。好的干部是始终将民众的根本利益及其真实意见作为自己行事的标尺。以人民为中心自始至终都是我国领导干部官德、政德的显著体现。历史告诉我们，只有怀德心、行德政，党政领导干部才能充分发挥好其在道德建设中的"头雁效应"。同时，既然是领导干部，就必然意味着其既是法治的组织者、领导者，也是法治的示范者、践行者，因此，党政干部必须加强法治教育，提升法治素养。习近平总书记曾指出："法治素养是干部德才的重要内容。要把能不能遵守法律、依法办事作为考察干部重要内容。"④ 在十八届中央政治局第二十四次集体学习时，习近平总书记强调党政干部必须强化法规制度意识，我们应在全党开展法规制度宣传教育，引导广大党员、干部牢固树立法治意识、制度意识、纪律意识，从而形成尊崇制度、遵守制度、捍卫制度的良好氛围。党政干部作为领导者尤其要做践行法治的先行者，尤其要对宪法法律怀有敬畏之心，万不可以身试法。坚持"明大德、守公德、严私德"⑤，坚持"心中高悬法律的明镜，手中紧握法律的戒尺，知晓为官做事的尺度"⑥，这便是对儒家"其身正，不令而行；其身不正，虽令不从"⑦为政思想的现代性阐释。

---

① 张世良：《怎样练成好干部》，人民出版社2016年版，第195页。
② 习近平：《在庆祝中国共产党成立95周年大会上的讲话》，人民出版社2016年版，第24页。
③ 习近平：《在全国组织工作会议上的讲话》，人民出版社2018年版，第16-17页。
④ 《习近平谈治国理政》第二卷，外文出版社2017年版，第128页。
⑤ 习近平：《在纪念五四运动100周年大会上的讲话》，人民出版社2019年版，第12页。
⑥ 《习近平关于全面依法治国论述摘编》，中央文献出版社2015年版，第123页。
⑦ 《论语》，南京大学出版社2019年版，第257页。

三、理解中华民族独特文化传统的影响作用的双重向度

今天的中国道路是在新中国成立七十多年来的持续探索和改革开放四十多年的伟大实践中走出来的一条适合中国国情的发展道路，这条道路既不是对西方现代资本主义道路的复刻，也不是对中国传统封建主义的复归，而是在世界历史视野和现代化浪潮之中生成的一条具有中国特色的现代复兴之路。在追求现代化的历程中，中国特色社会主义道路并没有遗忘和背弃中国的文化传统，相反，它始终秉承和延续着中华民族的优秀文化传统。文化传统为中国的现代化提供了取之不竭的智慧和资源，为中国特色社会主义道路奠定了坚实的文化底蕴，因此，当下中国道路之选择与中华民族的文化传统之间存在着密切的逻辑相关性。

（一）文化传统影响中国道路的微观向度

道路问题至关重要，选择什么道路，坚持什么道路，关系到一个国家和民族的发展方向与未来前景，是一个国家和民族的事业成败得失的关键性因素。在道路选择的过程中，文化传统的意义和作用是不能够被忽视的，它是一种无法逃避的约束，对个人的成长乃至国家的发展都发挥着广泛、持久和深层次的影响，其赋予一个国家和民族的发展道路以独特鲜明的个性特征和深厚浓烈的文化底蕴。任何道路的选择和发展都深刻地镌刻着文化传统的印记，尤其是对于中国这样一个具有五千多年悠久历史的文明古国来说，文化传统的意义和作用表现得更加明显，时代的更迭和社会形态的变迁不仅没有削减它的生命力和影响力，反而使其影响更为持久和深远。在中华民族五千多年的文明史中，文化传统潜移默化地规范着中华儿女形成独特的精神气质、思维方式和价值观念，这些因素为中国发展道路的选择提供了宝贵的引导和指向，促使中华民族在历史转折的重要时期选择了个性鲜明、独具一格的中国特色社会主义道路，成为世界现代化进程中的一道亮丽风景线。

每个民族都有自己独特的精神气质，它是一个民族的文化气质和文化品格，是文化传统的核心内容。在五千多年中国文明的历史进程中，积淀着极为丰富的文化土壤，这就为中华民族提供了厚重的思想基础和坚实的精神支柱，塑造了中华儿女特有的精神气质。开拓进取的创新精神是中华民族最为鲜明的民族禀赋，这种禀赋就是在中国文化传统的洗礼和熏陶中生成的。《礼

记·大学》以"苟日新，日日新，又日新"①这句简洁隽永的名言折射出蕴含在中华儿女身上的那种不断更新自己、主动适应时代、积极推动发展的向上朝气，在历史发展的关键节点，这种精神让中华民族在现代化进程中不盲目模仿和追随西方的现代化道路，敢于创新，结合中国的具体国情，选择一条具有中国气派的、全新的现代化道路，既迎合了世界现代化的潮流和趋势，又丰富了世界现代化道路的内容和样式。自强不息的奋斗精神是中华民族最为深厚的内在品格，"天行健，君子以自强不息"②就是对这种刚健有为、不懈奋斗精神的生动写照和精练表达。在华夏文明的各个阶段，自强不息的奋斗精神始终推动着中华民族的前进和发展。特别是在选择和坚持发展道路的关键问题上，自强不息的奋斗精神引领着中国人民坚定地走具有中国特色的社会主义道路，即使在中国特色社会主义实践的过程中遭遇许多困境和难题，中国人民也始终以坚忍不拔的意志去攻克和解决，努力在世界现代化进程中增添属于中华民族的亮丽色彩。当然，中华民族的精神气质远不止于此，克勤克俭、敢为人先的勤劳勇敢精神，超越自我、勇于挑战的逐梦精神，舍己为人、克己奉公的奉献精神等等都是在中国优秀文化传统的陶冶中生成和塑造起来的，而选择和坚持走中国特色社会主义道路与这些中华民族特有的精神气质是分不开的，它哺育了中华民族独立自主、开拓进取的民族气概，培养了中华民族坚忍不拔、百折不挠的民族意志，使当代中国敢于选择和坚持具有中国特色、中国风格和中国气派的发展道路，为我国的现代化建设提供了源源不断的精神滋养。

文化传统不仅赋予中华民族以特有的精神气质，也培育了中华民族独特的思维方式，这种思维方式对中国特色社会主义道路的选择和坚持都发挥着重要的作用。思维方式就是人们看待事物的角度、路径和方法，它是人们思考问题的根本方式，对人们的言语和行为起决定性的作用。思维方式的形成与民族的文化传统有着十分密切的联系，是文化传统诸特征的集中体现，有什么样的文化传统就会塑造出什么样的思维方式。西方人擅长逻辑思维和分析思维，这种思维方式是西方几千年来的理性主义传统的结果，而中国人擅长辩证思维，它根源于中华民族自古以来就秉持的"中""和"态度。"中庸

---

① 《大学·中庸》，四川人民出版社2019年版，第15页。
② 《周易》，三秦出版社2018年版，第1页。

之道"是中国儒家传统倡导的思维方式，它主张"执其两端，用其中于民"①，要求人们在看待事物和处理问题时不能过于极端而偏执于对立双方的其中一方，要保持一种中和、协调的态度，使对立双方处于调和、平衡的状态。"和而不同"也是儒家学人倡导的为人处世的态度和方法，"君子和而不同，小人同而不和"②，这种态度在追求同一性的过程中允许并承认特殊性和差异性的地位和价值，致力于实现个体性与普遍性、差异性与共同性之间的和谐统一。在中国儒家传统倡导的"中""和"态度的规范和引导下，中华民族形成了一种体现本民族文化传统的辩证的思维方式，这种思维方式要求我们在看待事情和处理问题时采取一种理性的辩证态度，对当代中国的道路选择和现代化建设具有非常深刻的指导意义。它启示我们在现代化进程中，既要积极地迎合当今时代的发展潮流，追求发展的普遍性和共同性，也要在同一性的发展潮流中保持中华民族的个性与风格，选择并坚持走具有中国特色的发展道路。

同样，价值观念的形成和发展与文化传统之间存在着密切的联系，文化传统通过影响人们的价值观念来作用于当代中国社会发展道路的选择。与西方传统中以自我为中心的个体主义原则不同，集体主义和群体意识在中国文化传统中占据了核心地位，在这种文化传统的影响下，中华民族形成了整体为上的价值取向和集体主义的价值观念，"先天下之忧而忧，后天下之乐而乐""苟利国家生死以，岂因祸福避趋之"等价值选择就是对集体主义价值观念的真切表达。在这种集体主义价值观的引导下，中国的现代化进程就不可能直接复刻西方国家选择和坚持的以个人主义为基本原则的资本主义发展道路，而只能选择与集体主义价值观念相契合的社会主义之路，因为其是以集体主义为显著性特点、根本性方向的发展之路，"在那里，每个人的自由发展是一切人的自由发展的条件"③，这种"自由人联合体"的社会理想符合中国文化传统中的集体主义价值观念。

在中国优秀文化传统潜移默化影响和调节下，中华民族形成了自己独特的精神气质、思维方式和价值观念。在这种独特的精神气质、思维方式和价值观念的引导下，中华民族勇于选择并敢于坚持一条不同于西方资本主义道

---

① 《大学·中庸》，四川人民出版社 2019 年版，第 93 页。
② 《论语》，南京大学出版社 2019 年版，第 269 页。
③ 《马克思恩格斯选集》第一卷，人民出版社 2012 年版，第 422 页。

路的现代化路径，使当代中国既顺应了世界现代化的浪潮和趋势，又在现代化的进程中保持了本民族的个性与风格，既汲取了其他国家发展的有益经验，也发挥了自身所独具的实践智慧。2022年7月，习近平总书记在中央政治局进行第三十九次集体学习时强调："要把中华文明起源研究同中华文明特质和形态等重大问题研究紧密结合起来，深入研究……研究阐释中华文明讲仁爱、重民本、守诚信、崇正义、尚和合、求大同的精神特质和发展形态，阐明中国道路的深厚文化底蕴。"① 可见，当下的中国道路之选择与中华民族的文化传统之间存在着深刻而密切的逻辑关联，这种独特的文化传统就注定了中国的现代化会选择和坚持目前的道路。

（二）实现传统文化的现代性转化

作为现实的人及其实践活动的产物，文化在人类历史中呈现为一个动态的发展过程。不同历史时期的生产方式及由此产生的社会结构赋予文化以不同的内容和形式，一个民族的文化传统就是在历史的长河中积淀而成的。传承至今的中华民族的文化传统是中国古代农耕文明的产物。传统文化产生的社会基础与现代社会有着本质上的差异，生产方式、人际关系、社会形态等各方面的转变都昭示着中华民族的传统文化不可能直接挪用和简单安置到当代中国的现代化建设的进程中，因此，推动传统文化的现代转化就成为坚持中国特色社会主义道路的当务之急。所谓传统文化的现代转化，就是在现代化的视域中，在不改变传统文化的精神实质的前提下，对传统文化既不能拒之千里，也不能来者不拒，必须选择性合理性地继承，通过转变传统文化的具体内容和表现方式实现对传统文化的创造性转化和创新性发展，充分发挥传统文化对现代社会生活的规范和引导作用，推动传统文化与现代社会生活的接轨。

推动传统文化的现代转化，首先就要求我们认真甄别并慎重处理传统文化与现代社会生活之间的关系，因为这个问题牵涉传统文化在现代社会中的地位以及人们对待传统文化的态度。对待这个问题，当前流行着两种错误片面的立场和观点：一种是否定传统文化对于现代社会生活的意义，要求拒斥传统文化于现代社会生活之外；另一种是坚持文化复古主义的立场，把传统

---

① 习近平：《把中国文明历史研究引向深入 增强历史自觉坚定文化自信》，《求知》2022年第8期。

文化置于通行一切社会形态和历史阶段的普世地位，要求返回"孔孟之道"。毋庸置疑，对于传统文化的现代转化进程来说，这两种社会思潮都是有害的，因为它们都采取一种非此即彼的思维方式把传统文化与现代文化对立起来，要么拒斥传统，要么固守传统，这种简单的处理方式使问题变得更加困难和复杂。这种非此即彼的立场不是解决问题的有效方式。完全拒斥传统，就等于斩断了中华民族的根源和命脉；一味恪守传统，就会陷入一种保守主义而阻碍现代化的进程。正确对待传统文化与现代社会生活之间的关系问题，需要我们对传统文化采取一种批判的态度。所谓"批判"，就是"澄清前提、划定界限"，这种批判的态度要求我们认真审视传统文化产生的社会基础及其发挥作用的有效范围：中华民族的传统文化是在中国几千年的农耕文明史中形成的反映社会存在的社会意识，这种社会意识在中国传统社会中占据着主导地位。对传统文化进行澄清和划界的目的并不是为了把它局限在传统社会的历史境遇中不允许其越界，相反，这种划界只是为了使其不盲目地僭越界限，进而采取一种合理有效的方式进行"越界"。这种合理的"越界"就是通过转换传统文化的表现形式和作用方式来改变它发挥作用的历史境遇，使其真正地进入现代社会生活中并对其产生意义，在此基础上产生一种蕴含着传统文化的精神实质的现代文化样式。这种现代文化样式既不会抛弃传统，也不会沉溺于传统，它是在批判和继承传统文化基础之上的发展创新，是传统文化进行现代转化的结果。

随着科学技术水平的进步、自由贸易程度的加深以及市场向世界范围内的扩张，"各个相互影响的活动范围在这个发展进程中越是扩大，各民族的原始封闭状态由于日益完善的生产方式、交往以及因交往而自然形成的不同民族之间的分工消灭得越是彻底，历史也就越是成为世界历史"[1]。在世界历史进程的不断深化中，作为反映社会存在的社会意识，文化不单纯地局限于各民族、区域内部："各民族的精神产品成了公共的财产。民族的片面性和局限性日益成为不可能，于是由很多种民族的和地方的文学形成了一种世界的文学。"[2] 因此，文化的民族性与世界性之间的关系问题必然成为传统文化在现代转化过程中无法回避的问题。每一个民族都有自己独特的生活方式，而且

---

[1] 《马克思恩格斯选集》第一卷，人民出版社2012年版，第168页。
[2] 《马克思恩格斯选集》第一卷，人民出版社2012年版，第404页。

不同的生活方式也会在社会意识的层面上表现为不同的文化样式，各个民族之所以不同，不仅在于他们的生活条件不同，而且在于表现在民族文化特点上的精神形态不同。每一个民族在不同的生活方式上形成了不同的价值体系、行为规范和风俗习惯，这是该民族成员达成共识和认同的依据，是民族存在的精神标志，可以说，文化是以民族的形式存在的。在推动中国传统文化进行现代转化的过程中，我们首先要赋予文化的民族性以绝对的、崇高的地位，深刻地认识到中华民族自己的生活方式、价值体系等文化形式是中华民族的标志和灵魂，传统文化的现代转化就是要继续传承和发扬这些文明成果，使其在历史的长河中继续传承下去。在确立民族文化的核心地位的前提下，我们也要积极地参与文化全球化的时代进程，承认文化的多元性，提倡文化的多样性，推进文化的"百花齐放、百家争鸣"，积极地学习和借鉴世界文明的优秀成果，拓展和创新传统文化的内容和形式，使其能够真正融入现代化进程和世界历史进程。

坚持走中国道路，既离不开马克思主义理论的指导，也离不开传统文化的支撑，推动马克思主义与中国传统文化的交会融合是实现中国传统文化的现代转化以及马克思主义中国化的题中应有之义。马克思主义理论和中国的传统文化产生于各自的历史境遇之中，它们面临的时代和问题是各不相同的，两者之间并不存在直接的相关性，看起来它们之间的交汇与融合似乎是不可能的。但事实并非如此，因为两者的理论本性是相似而且相通的。马克思的哲学革命以实践观点的思维方式超越了西方传统哲学的理论困境，他确立了"物质生活的生产方式"即"实践"在人类社会历史中的主体地位，并要求以实践的方式使现存世界革命化，从而达到"改变世界"的哲学憧憬。马克思主义具有的实践本性与中国传统文化中的"入世""经世致用"等特质是相互贯通的，这就是马克思主义理论与中国传统文化的交汇融合得以可能的基本依据。推动马克思主义与中国传统文化的融合具体表现为一种双向互动的过程：首先，马克思主义需要与中国的文化传统和具体国情相结合，符合我国不同时期不同阶段的实践性的内在要求，实现其本身的中国化；同时，传统文化的现代转化需要以马克思主义基本原理为指导，把其自身所具有的精神实质贯彻到我国传统文化的内容和形式之中，实现中国传统文化的马克思主义化。在这种双向互动的过程中，马克思主义基本原理和中国传统文化不再是两种相互独立的思想成果，两者真正融合为一整块钢铁，既实现了马克思主义的中国化，也丰富和发展了中国传统文化的内容和形式，推动了中国传统文化的现代转化进程。

在人类历史发展和社会形态演进的进程中，文化始终是在场的，它不仅在个体层面上影响着每个人的思维方式、行为方式和价值观念，而且在整体的层面上牵涉一个国家的道路选择和发展方向。中国传统文化及其逐渐整合后所形成的观念体系的衍生点和所形成的现实土壤是中国社会中所存在着的传统且独特的农耕文明。中国传统文化对中国现代化进程的影响和作用是不容小觑的，其通过影响中华民族的精神气质、思维方式和价值观念来作用于中国现代化道路的选择，可以说，今天中国道路之选择与中华民族发展中所衍生出的文化传统之间存在着深刻的逻辑相关性。当然，由于传统文化所面对的历史境遇与当代中国的社会现实有着本质的差别，今天的我们只有推动并实现传统文化的现代转化，才能够真正发挥传统文化对今天中国特色社会主义道路实践进程的意义。正如习近平总书记所言："如果没有中华五千年文明，哪里有什么中国特色？如果不是中国特色，哪有我们今天这么成功的中国特色社会主义道路？"[①]

---

① 习近平：《在文化传承发展座谈会上的讲话》，《求知》，2023 年第 9 期。

第二章

独特的历史命运与中国道路的选择

一、新民主主义革命与社会主义道路的艰难探索

二、中国特色社会主义道路的开辟与推进

三、新时代中国特色社会主义道路的新征程

四、中国道路是遵循历史发展规律的道路抉择

五、中国道路实践发展顺应历史发展的基本趋势

近现代中国社会变迁的历史命运始于近代中国救亡图存的民族运动，从"睁眼看世界"到"师夷长技以制夷"、从"中体西用"到"变法理论"、从"扶清灭洋"到"旧三民主义"的变迁，近代以来的中国人民在道路问题上进行了自强求富的洋务运动、资产阶级改良运动、旧式农民战争、资产阶级革命等艰难曲折的探索与选择。但是，这些艰辛探索都没能将中国人民从水深火热中解脱出来，只有由中国共产党领导的、形成于中国革命时期的新民主主义革命道路挽救了中国，实现了国家和民族的独立和解放。中国特色社会主义道路是近代以来中国人民通过对中国的革命、建设和改革进行艰苦卓绝的探索后的结晶。近代以来中国所经历的独特的历史命运决定了我们必须要走中国特色社会主义道路，可以说，这种独特的历史命运是今天中国道路选择的历史渊源，而这条道路也是一条符合历史发展规律、顺应历史发展趋势的国家发展道路。

一、新民主主义革命与社会主义道路的艰难探索

自 1840 年以来，中国先进的仁人志士在探索救亡图存的道路上进行了一系列的尝试与探索，中国社会的各个阶级和政治力量在不同历史阶段相继登上历史舞台，提出各式各样的救国方案。然而，这些救国运动经历了一场又一场的惨败，未能使中国摆脱贫穷、落后、任人宰割的历史命运。中国共产党自成立以来，历经了新民主主义革命道路、社会主义革命和建设道路的艰辛探索，党领导人民一次次的不懈探索与尝试无疑为后来我们走上中国特色社会主义道路起到了历史性的奠基作用。

（一）新民主主义革命道路的开辟

五四运动开启了中国新民主主义革命的历史进程。中国共产党领导的新民主主义革命道路就是自 1921 年中国共产党成立之日起带领广大中国人民推翻三座大山之迫害，翻身成为国家主人的一条武装革命斗争的道路。

中国共产党自诞生以来，领导工人运动，反对北洋军阀统治，逐渐成了我国组织推进新民主主义革命的关键性的核心力量。我们党对革命形势和斗争的认识是在革命实践中不断深化的。历经了党内右倾保守主义的错误、国共第一次合作的破裂和国民大革命的失败，中国共产党已经开始认识到，要想取得革命的胜利，必须有一支完全由共产党自己领导的军队。毛泽东同志

于 1927 年上半年深入湖南农村进行考察，开始认识到解决农民土地问题、发动农民阶级力量在当时革命斗争形势下具有重要意义。这些对革命形势的判断和认识都为后来新民主主义革命道路的开创积累了宝贵的经验。1927 年 8 月 1 日，我党领导人民进行了一场轰轰烈烈的革命活动，即南昌起义，这场起义意义重大，其昭示着我党开始认识到具备武装的重要性，并首次通过激烈的武装反抗方式反击了国民党反动派的迫害。后来，随着秋收起义和广州起义的相继失败，毛泽东同志开始认识到，以中国共产党现有实力攻打敌人的中心城市无非是以卵击石，于是带领秋收起义部队转战井冈山地区，开辟井冈山革命根据地，开始了"农村包围城市，武装夺取政权"的革命道路，成功粉碎了国民党反动派的多次围剿。随着红军人数越来越多，革命根据地面积越来越大，革命力量越来越强，呈一片燎原之势。这一系列革命实践无疑都证明了毛泽东同志领导下的新民主主义革命道路是适合我国国情的，是一条可以走得通的、具有中国特色的革命道路。

以 1931 年"九一八事变"为起点，中国开始了长达十四年的抗日战争。这期间，在中国共产党的积极推动下，国共两党实现了第二次的合作，标志着抗日民族统一战线的最终形成。在中国共产党的领导下，新四军、八路军开赴抗日前线，深入敌后建立抗日革命根据地，坚持游击战争，发展抗日武装力量，积极号召全民族抗战。1945 年 8 月，日本宣布投降，抗日战争取得了最后的胜利。之后，中国共产党在广大人民的拥护下，通过辽沈战役、平津战役、淮海战役、渡江战役等打败了拥有美式装备的国民党反动派。1949 年 10 月，中华人民共和国中央人民政府的成立标志着新民主主义革命走向了最终的胜利。

（二）社会主义革命道路的艰辛探索

新民主主义革命的胜利使中国走向了民族独立和人民民主的国家发展道路，但这时的社会还只是新民主主义社会而不是社会主义社会。1940 年毛泽东同志在分析中国国情和总结革命经验的基础上明确提出，中国革命必须分阶段分步骤进行，"其第一步是民主主义的革命（新民主主义革命），其第二步是社会主义的革命，这是性质不同的两个革命过程"[①]。新民主主义革命的

[①] 《毛泽东选集》第二卷，人民出版社 1991 年版，第 665 页。

胜利标志着我们已经顺利完成了第一个革命,但是要想建成社会主义社会,我们还需要继续走社会主义革命道路,使我国从新民主主义社会过渡到社会主义社会。

新中国成立以后,刚刚经历过革命战争的中国百废待兴。在农村,我们党领导全国人民实行了全国范围的土地改革,使广大农民获得了土地;在城市,中国共产党保护民族工商业,恢复和稳定国民经济秩序。与此同时,面对美帝国主义通过朝鲜半岛对新中国国家安全的威胁,党中央毅然派遣人民志愿军开赴朝鲜战场抗击美帝国主义的侵略,开启了艰苦的抗美援朝战争。随着朝鲜战局的逐步稳定和我国国民经济的良好恢复,以毛泽东同志为代表的党中央于1952年提出了中国怎样逐步过渡到社会主义的设想。并于1953年正式提出了党在过渡时期的总路线,开始进行社会主义"三大改造"。到1956年底,"三大改造"基本完成,社会主义公有制在我国国民经济中占据绝对优势,标志着我国社会主义基本制度的确立和社会主义革命道路的最终完成。尽管过渡时期的后期存在着工作过粗过急、形式简单划一等问题,但是总体上还是实现了生产力的发展,到1956年,我国工业总产值比上一年增长28.2%,农业总产值比上年增长5%。①

社会主义基本制度的确立,是中华民族历史上的一次深刻变革,为后来我国的建设发展奠定了制度性的政治根基和条件,同时为中国特色社会主义道路的开创和制度上的创新提供了宝贵的经验,奠定了重要基础。

(三)社会主义建设道路的实践与曲折

1956年底,依托于"三大改造"的完成,我国顺利完成了国家与社会的经济结构转变。此后,以毛泽东同志为代表的党中央领导全国人民开始了长达二十余年社会主义建设的艰辛探索,形成了许多宝贵的思想理论成果,并在指导社会主义建设实践中取得了一系列成就,为中国的社会主义现代化建设打下了坚实的物质基础。

1. 为工业化现代化的设想开辟了理论先锋

1954年6月,毛泽东同志在《关于中华人民共和国宪法草案》中首次创

---

① 陈晋:《路在脚下:如何看待中国特色社会主义道路》,新星出版社2022年版,第164页。

造性地提出了社会主义建设战略设想,他指出:"我们要建成一个伟大的社会主义国家,大概经过五十年即十个五年计划,就差不多了。"① 后来,在社会主义建设的实践中,又对这一设想进行了有益的补充和完善。1954年9月,毛泽东同志在中华人民共和国第一届全国人民代表大会上指出:"准备在几个五年计划之内,将我们现在这样一个经济上文化上落后的国家,建设成为一个工业化的具有高度现代文化程度的伟大的国家。"② 1955年3月,毛泽东同志又在党的全国代表会议上讲道:"在我们这样一个大国里面,情况是复杂的,国民经济原来又很落后,要建成社会主义社会,并不是轻而易举的事。"③ 所以,"要建成为一个强大的高度社会主义工业化的国家,就需要有几十年的艰苦努力,比如说,要有五十年的时间,即本世纪的整个下半世纪"④。同年10月,在七届六中全会上毛泽东同志对此再次进行了强调。可见,这一时期党中央对社会主义工业化现代化的战略设想已经有了比较明确的想法,确定了把我国建设成为拥有发达工业化水平的新型社会主义国家的战略目标。

随后,1957年2月,毛泽东同志在《关于正确处理人民内部矛盾的问题》一文中指出:"我国的社会主义制度还刚刚建立,还没有完全建成,还不完全巩固。"⑤ 不久,毛泽东同志在探讨社会制度问题时强调了"新的社会制度还刚刚建立,还需要有一个巩固的时间"⑥。这些论述是毛泽东同志对工业化现代化建设的进一步完善,强调社会主义建设不能操之过急,一定要分阶段地、逐步地进行建设。这一系列论述都表明,我国在社会主义建设初期的探索道路上,对社会主义的认识是逐渐深入的,并且在认识的过程中也存在着反复,这是对未知事物的认知特点,我们要对其有客观的认识。对工业化现代化建设的早期设想是比较符合我国国情和社会主义建设实际的,不仅体现了中华民族走向复兴的国强民富的伟大梦想,也成为我国社会主义建设道路的良好开端,为后来的实践探索提供了前期基础和有益经验。

---

① 《毛泽东文集》第六卷,人民出版社1999年版,第329页。
② 《毛泽东文集》第六卷,人民出版社1999年版,第350页。
③ 《毛泽东文集》第六卷,人民出版社1999年版,第390页。
④ 《毛泽东文集》第六卷,人民出版社1999年版,第390页。
⑤ 《毛泽东文集》第七卷,人民出版社1999年版,第214页。
⑥ 《毛泽东文集》第七卷,人民出版社1999年版,第268页。

2. 马克思主义社会矛盾理论在我国的丰富与发展有效地指导了实践

对于如何建设社会主义一直是中国共产党人思考探寻的问题。由于苏共二十大所发生的"揭了盖子捅了娄子"的重大事件,中国共产党人开始意识到要独立自主地思考问题,努力找到适合国情的实践道路。1956 年 4 月,毛泽东同志把经济调查所发现的一系列问题概括为十个方面的重大关系,形成了著名的《论十大关系》,这是中国共产党人开始探索适合国情的社会主义建设道路的标志,为后来八大的召开奠定了理论基础。当然,包括后续的"双百"方针等等,这些都是在苏联的经验教训的基础上提出来的。

更为重要的是,这一时期,经过结合我国国情实际的独立思考和探索,我们党在我国的主要矛盾和主要任务问题上有了一个比较正确的认识,丰富和发展了马克思主义的社会矛盾理论。1956 年 9 月,中共八大对我国当时的阶级关系和主要矛盾的变化作出了准确的说明,指出"我们国内的主要矛盾,已经是人民对于建立先进的工业国的要求同落后的农业国的现实之间的矛盾,已经是人民对于经济文化迅速发展的需要同当前经济文化不能满足人民需要的状况之间的矛盾"[①]。并强调"这一矛盾的实质,在我国社会主义制度已经建立的情况下,也就是先进的社会主义制度同落后的社会生产力之间的矛盾"[②]。并随即指出我国社会主义建设初期阶段的首要的任务就是"要把一个落后的农业的中国改变成为一个先进的工业化的中国"[③]。这是我们党第一次对社会主义建设初期我国社会主要矛盾作出系统概括和总结,并以此为基础在经济、政治、文化等方面作出了一系列重要决策,指导着社会主义建设朝着正确的方向进行。中共八大结束后,毛泽东同志对我国社会矛盾问题的思考并没有停止。随着当时的国际形势发生了新的变化,即波匈事件的发生、与苏联关系的变化,他更深入地思考了这个问题。1957 年 2 月,毛泽东同志在《关于正确处理人民内部矛盾的问题》中指出"没有矛盾的想法是不符合客观实际的天真的想法"[④],毕竟矛盾本身就是无时不有无处不在的,同时提出"在社会主义社会中,基本的矛盾仍然是生产关系和生产力之间的矛盾,

---

① 《建国以来重要文献选编》第 9 册,中央文献出版社 1994 年版,第 341 页。
② 《建国以来重要文献选编》第 9 册,中央文献出版社 1994 年版,第 341 页。
③ 《毛泽东文集》第七卷,人民出版社 1999 年版,第 117 页。
④ 《毛泽东文集》第七卷,人民出版社 1999 年版,第 204 页。

上层建筑和经济基础之间的矛盾"①。他在汲取苏联社会主义建设经验的基础上，结合我国实际进一步指出我国社会主义建设过程中存在两种不同性质的矛盾，"这就是敌我之间的矛盾和人民内部的矛盾。这是性质完全不同的两类矛盾"②。性质上存在差别必然决定矛盾解决方式的相异性，否则，不分性质、不分方式以千篇一律的方式来解决矛盾，就必然导致矛盾的加深与激化。毛泽东同志还提出要把正确处理人民内部矛盾作为我国政治生活的主题。可以看出，这一时期的党中央对我国内部之主要矛盾的判断具有重要的理论意义，虽然后续过程曲折，但其曾经起到的积极作用不容忽视。

3. 社会主义建设时期的经济建设成绩创造了良好的物质条件

社会主义建设探索期间，我国在有计划地进行国民经济建设的过程中取得了一些重要成绩。在此期间，虽有挫折失误，但正如邓小平同志后来所总结的："我们还是在三十年间取得了旧中国几百年、几千年所没有取得过的进步。"③

从一五计划开始，我国在苏联的援助下开始了对一些基础工业项目进行建设，具体涉及石油、机械、通信、国防等多个重要领域，到1978年我国在满足人民生活需求上的基本工业产品生产上以及军事国防领域建设上都取得了重大突破。中国实现了从一穷二白到具有独立的、比较完整的工业体系和国民经济体系的转变。从经济发展速度来看（如表1），1953年我国国内生产总值为824.4亿元人民币，1975年已经增加到3039.5亿元，在这22年，国内生产总值增长了268.7%，其中第二产业增长最为迅速，1953年第二产业国内生产总值仅为191.3亿元，到1975年已经增加到1379.9亿元，增长了621.3%。1957年至1965年期间，全民所有制企业的固定资产（按原值计算）实现了1.76倍的增长，一系列关键企业得到了显著的扩建与强化。尤为重要的是，电子、原子能、航天等前沿工业部门在此期间实现了从无到有、由小到大的跨越式发展，不仅丰富了国家工业体系的结构，也为国家的技术进步与产业升级注入了新的活力。

---

① 《毛泽东文集》第七卷，人民出版社1999年版，第214页。
② 《毛泽东文集》第七卷，人民出版社1999年版，第204-205页。
③ 《邓小平文选》第二卷，人民出版社1994年版，第167页。

表1：1953—1975年期间，我国三大产业和国内生产总值的变化（单位：亿元）

	1953年	1957年	1962年	1970年	1975年
国内生产总值	824.4	1071.4	1162.2	2279.7	3039.5
第一产业	378.4	429.6	453.3	793.3	972.6
第二产业	191.3	317.1	363.8	918.7	1379.9
第三产业	254.7	324.7	345.1	567.7	690.0

数据来源：中国国家统计局官方数据库

社会主义建设时期，我们党虽然在探索过程中经历了曲折，但是从整体上来讲，我国社会主义经济建设尤其在工业方面取得了巨大的成就，建立起了较为完备的基本工业体系，为后续中国特色社会主义道路的开辟奠定了牢固的物质基础。

4. 社会主义建设道路的曲折探索与经验教训总结

社会主义建设时期，由于广大人民群众对于改变我国经济文化落后状况的愿望强烈而迫切，人民主体的积极主动性和创造性精神有力地支持了社会主义建设的顺利进行，并取得了一定的积极成果，从这一点来说是值得肯定的。但是，由于我们自身社会主义建设的经验不足，忽视了客观经济规律，外加受苏联冒进的社会主义建设的影响，出现了急于求成、夸大主观努力作用的认识判断，使党和国家、人民遭受了新中国成立以来最严重的挫折和损失。惨痛的经验教训表明，社会主义建设要遵循客观规律。也正是因为我们党在错误实践之后认真总结其失败的教训，才能在最短的时间内迅速实现我们党在社会主义建设指导思想上的拨乱反正、及时止损，才能在20世纪80年代正确认识我国所处的发展阶段并最终提出了社会主义初级阶段的科学论断。因此，只有正视错误、反思不足、吸取教训，才能开创一条更符合中国国情的发展道路。

第一，必须坚持一切从实际出发，不能急于求成。我国是一个农业大国，新中国成立初期经济基础落后，物质基础也比较薄弱。社会主义建设开始以后，在中国共产党的带领下，广大人民群众共同团结起来齐心协力投入到了这一场伟大实践之中。一方面极大地促进了我国经济的恢复和发展，取得了前所未有的成就，但同时出现了急躁冒进、急于求成、脱离我国发展实际的错误判断和实践。事实证明，推进我国的社会主义建设必须从我国实际的国情出发，坚持科学的认知态度，分析了解实际情况，尊重我国发展的客观规律。正如毛泽东同志所说："对于建设社会主义的规律的认识，必须有一个过程。必须从实践出发，从没有经验到有经验，从有较少的经验，到有较多的经验，从建设社会主义这个未被认识的必然王国，到逐步地克服盲目性、认识客观规律、从而获得自由，在认识上出现一个飞跃，到达自由王国。"① 事实上，只有不断地在实践中总结经验，并切实与我国的实际相结合，才能对我国社会主义建设的客观规律性形成系统的科学的认识，进而在此基础上探索出一条适应我国现实状况且具有中国特色的科学的社会主义建设之路。

第二，要正确认识社会主义初级阶段的主要矛盾和主要任务。社会主义建设开始以后，毛泽东同志和党中央在党的八大一次会议上对我国的主要矛盾有一个比较明确的正确认识，并以此为根据提出了在新的生产关系下大力发展生产力的中心任务。党的这些认识无疑是比较符合我国国情的，但遗憾的是，这些正确路线没能很好地坚持下去。之后随着阶级斗争的愈演愈烈，最终爆发了"文化大革命"，不仅严重影响了我国经济社会的正常发展，而且导致了大批知识分子、爱国人士遭到迫害，给我国社会主义建设造成了前所未有的损失。实践证明，在社会主义建设的每一个历史时期，我们必须正确认识和把握我国建设的主要矛盾和主要任务。正确认识主要矛盾和主要任务是社会主义建设一切问题的基本前提。只有认识清楚了，才能明确正确的前进方向，才能维持好国家的稳定和秩序，才能推动国家持续地向前发展。

第三，必须始终坚持马克思主义的指导地位。我国作为无产阶级领导的社会主义国家，必须确立马克思主义在意识形态领域的主导地位。新中国成立初期，面对我国意识形态领域思想上的混乱局势，各级各层党组织大力宣传和组织学习马列主义，坚决批判资产阶级思想，清除帝国主义和封建主义腐朽思想，确立了马克思主义在我国思想领域的主导地位。正如毛泽东同志所说："凡是错误的思想，凡是毒草，凡是牛鬼蛇神，都应该进行批判，决不能让它们自由泛滥。"况且，意识形态领域的斗争不同于一般的阶级斗争，"应该是充分说理的、有分析的、有说服力的，而不应该是粗暴的、官僚主义的，或者是形而上学的、教条主义的"②。后来随着阶级斗争扩大化，出现了

---

① 《毛泽东文集》第八卷，人民出版社1999年版，第300页。
② 《毛泽东文集》第七卷，人民出版社1999年版，第281页。

把很多知识分子和爱国人士当成阶级敌人进行批斗的现象，给我国社会主义建设事业造成了不可挽回的损失。实践证明，我们必须坚持以马克思主义为指导引领思想文化的发展，在社会意识形态领域的宣传和教育过程中，不能僵化教条，"不能强迫人接受马克思主义，只能说服人接受"①。

第四，必须坚持人民民主，实现人民当家作主。社会主义的题中之义是人民做国家的主人。中国共产党带领中国人民进行了长期的革命斗争，目的就是要建立一个人民当家作主的国家。新中国成立以后，我们还制定了宪法和一系列法律制度，从根本上保证了人民当家作主。当然，由于实践经验的不足，在社会主义建设遭受挫折的时期，我国社会主义民主和法治也遭到了破坏，出现了很多冤假错案。实践证明，我们必须坚持人民当家作主，发扬社会主义民主。正如邓小平同志所说："为了保障人民民主，必须加强法制。必须使民主制度化、法律化，使这种制度和法律不因领导人的改变而改变，不因领导人的看法和注意力的改变而改变。"②习近平总书记在2014年庆祝中国人民政治协商会议成立65周年大会上进一步强调，"民主不是装饰品，不是用来做摆设的，而是要用来解决人民要解决的问题的。"③实现人民当家作主是社会主义政治建设的本质和核心内容，也是中国特色社会主义建设的题中应有之义。

第五，必须坚持对外开放，借鉴和吸收人类文明的优秀成果。社会主义建设初期，我国生产力水平较低，物质基础很薄弱。因此，我国面临的主要任务就是大力发展生产力，积极地学习一切先进成果。作为社会主义国家的中国，虽然在国家性质上与资本主义国家有着本质的区别，但"这并不妨碍我们去学习资本主义国家的先进的科学技术和企业管理方法中合乎科学的方面"④。但是学习国外的经验，不是去套用外国的东西，而是"吸收外国的东西，要把它改变，变成中国的"，就是利用外国好的经验和技术，"来改进和发扬中国的东西，创造中国独特的新东西"⑤。毛泽东同志曾不止一次强调要向国外包括资本主义国家学习技术和经验，但是由于冷战时期帝国主义国家

---

① 《毛泽东文集》第七卷，人民出版社1999年版，第270页。
② 《邓小平文选》第二卷，人民出版社1994年版，第146页。
③ 《习近平著作选读》第一卷，人民出版社2023年版，第273页。
④ 《毛泽东文集》第七卷，人民出版社1999年版，第43页。
⑤ 《毛泽东文集》第七卷，人民出版社1999年版，第82页。

长期对中国实行禁运、封锁,再加上我们自己在建设过程中所发生的严重失误,致使我国的发展与西方国家拉开差距。惨痛的历史教训也已经证明,关起门来搞建设是行不通的,必须坚持对外开放,加强对外交流,学习西方国家的优点和有益经验。

二、中国特色社会主义道路的开辟与推进

十一届三中全会拉开了我国改革开放伟大进程的序幕,在实践中我们逐步探索并开辟出了一条立足我国实际、适应我国国情的特色之路,即中国特色社会主义道路。自此,我们在这条道路上阔步前行,历经了改革开放与中国特色社会主义道路的开辟、社会主义市场经济的确立与中国特色社会主义道路的创新发展、加强改进党的建设与中国特色社会主义道路的深入推进、全面建成小康社会与中国特色社会主义道路的全面开拓、以人为本与中国特色社会主义道路的科学拓展。

(一) 改革开放与中国特色社会主义道路的开辟

1978年12月,十一届三中全会胜利召开。在该会议上党中央作出了推行改革开放的战略抉择,自此,我国正式开启了对内改革、对外开放的新征程,一条崭新的道路也开始在实践探索中逐步形成。

改革的实现需要思想的先导。十一届三中全会后,中国人民逐步打破了对社会主义空洞、刻板、僵化的烙印,在实践中开拓了一条新路。邓小平同志明确指出:"改革是中国的第二次革命。"① 第一次革命,我国实现了半殖民地半封建的旧中国向社会主义新中国的历史性飞跃;而第二次革命,我们需要实现的伟大目标是把当时经济文化落后的中国蜕变成一个高度现代化的社会主义国家。改革并非斩断一切、从头开始,而是在坚持社会主义制度基础上以合理性的、科学性的方式改之、革之,换言之,改革是社会主义制度的自我完善和发展。对内改革就是改变制约生产力发展的旧经济体制,建立新经济体制,建设现代化的国家。中国的对内改革首先是从农村拉开序幕的。1978年11月,安徽省凤阳县小岗村实行"分田到户,自负盈亏"的家庭联产承包责任制,率先开启了我国对内改革的新征程。这是农村经济体制改革的

---

① 《邓小平文选》第三卷,人民出版社1993年版,第113页。

第一步，是农民在党的领导下的伟大创造，其解放了农村生产力，调动了农民生产积极性。农村经济体制改革取得成就后，改革转向城市经济体制改革，主要是简政放权、敞开城门、搞活企业等，增强了城市的吸引力、带动力和辐射力，带动了周边地区发展。

开放也是改革，对外开放作为我国基本国策之一具有重大战略意义。邓小平明确指出："对外开放具有重要意义，任何一个国家要发展，孤立起来，闭关自守是不可能的，不加强国际交往，不引进发达国家的先进经验、先进科学技术和资金，是不可能的。"[1] 历史证明，闭关锁国，把自己与世界隔离起来是行不通的。对外开放不仅对社会主义国家开放，还对资本主义国家开放；不仅对发达国家开放，还对发展中国家开放；不仅是经济领域的开放，还是科技、文化等领域的开放。1980年，第五届全国人大常委会正式批准在深圳、珠海、汕头和厦门设立经济特区，标志着我国对外开放的正式推行。1984年2月，邓小平视察经济特区结束以后讲道："我们建立经济特区，实行开放政策，有个指导思想要明确，就是不是收，而是放。"[2] 1984年5月，我国又开放了大连、天津等14个沿海港口。1985年2月，中央再次决定将长江三角洲、珠江三角洲、闽东南和环渤海湾地区设立为沿海经济开放区。这些政策都标志着我国对外开放开始全面展开，从而形成了从较小范围的经济特区至更大范围的沿海开放城市再至内陆城市的逐步开放格局。实践证明，实行对外开放政策，与世界各国交流合作，学习其他国家先进的技术、管理经验等，为我所用、不断创新，实现优势互补，才能实现经济社会的快速发展和进步。

伴随着一系列改革开发的实践举措，1982年党的十二大提出要把马克思主义的普遍真理同我国的具体实际结合起来，走自己的路，建设有中国特色的社会主义。从此，"建设有中国特色的社会主义"成为中国改革发展的主题词。1984年6月，邓小平同志在会见日方委员会代表团时讲了不少关键性的名言金句，第一次系统阐述了十一届三中全会以来的路线方针政策，清晰勾勒出了建设有中国特色社会主义理论的主要框架，强调了这条路就叫"建设有中国特色的社会主义的道路"。1987年，党的十三大会议召开，该会议上党

---

[1]《邓小平文选》第三卷，人民出版社1993年版，第117页。
[2]《邓小平文选》第三卷，人民出版社1993年版，第51页。

中央首次提出了我国在社会主义初级阶段的基本路线，其主要内容是"一个中心""两个基本点"。其中，"坚持改革开放"有力回答了我国的发展动力与外部条件问题，"坚持四项基本原则"生动体现了社会主义解放生产力、发展生产力的本质要求。自此，经过改革开放的多年实践，中国特色社会主义道路已经形成。

改革开放意义重大，就国内而言，极大地解放和发展了生产力，提高了人民的生活水平，培育了解放思想、实事求是、自我革命和不断创新的时代精神，为中国实现现代化提供了有力保障，增强了人民对中国特色社会主义道路的认同感；就国际而言，中国走出国门，在学习其他国家有益经验的同时，为其他国家发展作出了贡献，既实现了中国自身的发展也惠及了其他国家的发展，因此，中国特色社会主义道路实践不仅获得了国内人民的认同，也收获了国际社会的赞誉。

（二）社会主义市场经济体制的确立与中国特色社会主义道路的实践创新

在道路实践的长期探索中，根据实践发展要求，我国创新性地实现了社会主义与市场经济结合，从而成功确立起了社会主义市场经济体制，并在此基础上不断推进改革，实现了市场在资源配置中的基础性作用，有力地促进了我国生产力与社会经济的加速发展。社会主义市场经济体制可以说是社会主义发展史上的伟大创造，这在人类历史上具有里程碑式的意义，它是我们党在探索社会主义经济发展过程中所展现出来的独特优势，创新了中国特色社会主义实践。

恩格斯曾指出："一旦社会占有了生产资料，商品生产就将被消除，而产品对生产者的统治也将随之消除。社会生产内部的无政府状态将为有计划的自觉的组织所代替。"[①] 马克思恩格斯认为，未来社会可以让有计划、自觉的组织来代替资本主义，并且通过这种计划和自觉可以克服资本主义的弊端。列宁在1906年强调："只有建立起大规模的社会化的计划经济，一切土地、工厂、工具都转归工人阶级所有，才可能消灭一切剥削。"[②] 从早期列宁的社会主义认识上可以看出，他很明确地将计划和社会化联系在一起。后来，十月革命以后在面临着苏维埃政权危机时，列宁重新思考了这一问题，强调了

---

① 《马克思恩格斯全集》第二十五卷，人民出版社2001年版，第412页。
② 《列宁全集》第十三卷，人民出版社2017年版，第124页。

吸收外资和学习资本主义先进经验的观点。新中国成立初期，根据生产力落后的实际情况，我们党领导人民发挥计划经济集中人力、物力、财力办大事的优势，在一定程度上促进了生产力的发展。但是后期传统计划经济体制的弊端逐渐暴露，单一的经济形式逐渐走向僵化，为此，党和国家领导人开始思考计划和市场之间的关系。如毛泽东指出要重视价值规律，陈云在党的八大上提出著名的"三个主体、三个补充"的主张，以及顾准、孙冶方等经济学家都提出过一些创造性的思想，虽然没能突破当时的计划经济体制，但是对改革开放后的经济体制改革有一定的启示。1978年，十一届三中全会作出了改革开放的重要决策，在农村实行家庭联产承包责任制，鼓励兴办乡镇企业，促进了农村经济市场化的发展；在城市对企业进行改革，加强企业间资金、技术等要素的流通，显现出企业的活力；在沿海开设经济特区，加强与西方发达国家的沟通交流。大踏步的改革步伐催生了经济体制深层变革。

1982年，党的十二大召开，提出"允许对于部分产品的生产和流通不作计划，由市场来调节"[①]。1984年，党的十二届三中全会通过的《中共中央关于经济体制改革的决定》指出"社会主义计划经济必须自觉依据和运用价值规律，是在公有制基础上的有计划的商品经济"[②]。"有计划的商品经济"这一提法突破了传统社会主义和商品经济相对立的观点，对此邓小平同志说它"是马克思主义基本原理和中国社会主义实践相结合的政治经济学"[③]。从1985年至1992年，邓小平同志在这七年的时间里于不同的场合多次表述了"社会主义和市场经济之间不存在根本矛盾"的观点，并在1992年明确指出"计划经济不等于社会主义，资本主义也有计划；市场经济不等于资本主义，社会主义也有市场"[④]。这是在社会主义前提下对市场与计划这两者都是配置资源的重要且有效手段的明确认识，而社会主义市场经济就是在社会主义的条件下实现计划和市场两者的有机结合。在这一认识的指导下，我国经济领域开启了全方位的改革，从企业管理到贸易金融，从粮食产销到对外开放都发生了深刻的变化。

1992年10月，我们党于第十四次代表大会的会议上明确提出了社会主义

---

① 《中国共产党第十二次全国代表大会文件汇编》，人民出版社1982年版，第28页。
② 《中共中央关于经济体制改革的决定》，人民出版社1984年版，第17页。
③ 《邓小平文选》第三卷，人民出版社1993年版，第83页。
④ 《邓小平文选》第三卷，人民出版社1993年版，第373页。

市场经济体制改革的目标,这是我国经济体制改革以来的重大突破,标志着我国经济体制改革有了明确的方向。1993年3月,八届全国人大一次会议把"国家实行社会主义市场经济"写入宪法,使社会主义市场经济的发展有法可依。1993年11月,党的十四届三中全会上通过了《中共中央关于建立社会主义市场经济体制若干问题的决定》,其中制定了社会主义市场经济体制的基本框架和发展蓝图,并指出国有企业改革,要建立适应市场经济和社会化大生产要求的"产权清晰、权责明确、政企分开、管理科学"① 的现代企业制度,使国有企业的改革有了方向和目标。在分配制度上,这一时间我们也强调"建立以按劳分配为主体、效率优先、兼顾公平的收入分配制度"②。这一系列举措不仅适应了市场化改革的需要,也极大地调动了人民的生产积极性。1997年9月,党的十五大对我国所有制理论进行了创新和发展,在肯定公有制实现形式多样化的同时,强调非公有制经济是我国社会主义市场经济的重要组成部分,并允许资本、技术等生产要素合理参与分配,由此形成了社会主义初级阶段的基本经济制度。进入新世纪,随着经济社会的快速发展,党的十六大提出了劳动、资本、技术、管理等要素按贡献参与分配的原则,2007年党的十七大强调使市场在资源配置中起基础作用,进一步丰富了中国特色社会主义经济建设的创新实践。

(三) 加强改进党的建设与中国特色社会主义道路的深入推进

党的十三届四中全会后,以江泽民同志为主要代表的中国共产党人,科学分析国内外形势,形成了"三个代表"重要思想。这一思想强调党的建设和发展必须与国家的发展要求、文化的进步方向和人民的根本利益相一致,为中国特色社会主义道路的推进提供了理论创新和实践指导,确保了中国特色社会主义道路的正确方向。

1993年,江泽民同志在纪念中国共产党成立72周年座谈会上指出:"纵观七十二年的历史,我们党的发展壮大,我们国家在党的领导下取得独立和走向繁荣富强,归根到底是同推动社会生产力的解放和发展密切相联的。"③这是"中国共产党始终代表中国先进生产力的发展要求"的最初表述。1996

---

① 《中共中央关于建立社会主义市场经济体制若干问题的决定》,人民出版社1993年版,第38页。
② 《江泽民文选》第一卷,人民出版社2006年版,第376页。
③ 《十四大以来重要文献选编》上册,人民出版社1996年版,第326页。

年,江泽民同志在《关于讲政治》中指出:"社会主义现代化建设是我们当前最大的政治,因为它代表着人民的最大的利益、最根本的利益。"① 这体现出中国共产党立足于人民的立场,是对党执政基础和根基的深刻把握。1997年,党的十五大报告指出:"有中国特色社会主义的文化,是凝聚和激励全国各族人民的重要力量,是综合国力的重要标志。"② 这是"中国共产党始终代表先进文化前进方向"的思想雏形。2000年2月,江泽民同志在广东省高州市领导干部"三讲"教育会议上发表重要讲话,提出了"五个始终"的要求,即"我们要使党始终保持工人阶级先锋队性质,始终代表最广大人民群众的利益,始终成为社会先进生产力的代表,始终领导全国各族人民促进社会生产力的发展,始终坚强有力地发挥好领导核心作用,也必须结合新的历史条件进一步从思想上、组织上和作风上把党建设好"③。这标志着"三个代表"思想的轮廓基本形成。同年2月,江泽民同志在广东考察工作期间,完整地提出了"三个代表"的重要思想。随后,在2000年5月至2001年6月期间,江泽民同志分别在北京、吉林、黑龙江、上海、江苏、浙江等地考察时重点对新形势下加强党的建设作出重要论述,进一步完善和丰富了"三个代表"重要思想。自此,这一思想也成为指导党和国家各方面工作的重要的科学的思想理论。

  在这一科学理论的指引下,我们党把握住了"抓住机遇、深化改革、扩大开放、促进发展、保持稳定"④ 的大局,推进了经济、政治、文化体制改革和其他方面的改革,激发了社会活力;创立了社会主义市场经济体制,推动国有企业建立现代企业制度改革试点工作稳步进行;坚持"科学技术是第一生产力",把握世界科技竞争日趋激烈的客观趋势,实施科教兴国战略,将发挥社会主义制度的优越性与运用先进技术相结合,推动科技创新,为把中国特色社会主义推向21世纪奠定了坚实的物质基础。同时,在"三个代表"重要思想的指导下,我们党还全面把握"两个文明"建设的辩证关系,加强社会主义思想道德建设,发展具有中国特色的社会主义先进文化,走出一条具有中国特色的文化发展道路。我们党还牢牢把握"三个代表"重要思想中

---

① 《江泽民文选》第一卷,人民出版社2006年版,第515页。
② 《十五大以来重要文献选编》上册,人民出版社2000年版,第35页。
③ 江泽民:《论党的建设》,中央文献出版社2001年版,第381页。
④ 《江泽民文选》第一卷,人民出版社2006年版,第460页。

"中国共产党始终代表最广大人民的根本利益"的深刻要义，带领人民实施"三步走"战略，坚定不移地深化改革开放和社会主义现代化建设，推动"九五"计划超额完成，人民生活总体达到小康水平，这不仅是中国经济社会发展的重要里程碑，也是全面建设社会主义现代化国家新征程的起点，是中国共产党人民性的深刻体现。

"三个代表"重要思想的提出，既是党适应时代发展、把握时代脉搏的必然选择，也是中国特色社会主义事业发展要求的必然导向，标志着中国共产党人对中国特色社会主义道路建设规律认识的不断深化。这一重要思想是一个有机整体，生产力发展、文化建设、人民利益需求三方面相互联系，相互促进，从深层次上揭示出中国特色社会主义道路不断深入推进的现实路径，为在新的发展阶段加强和改进党的建设、实现党的长期执政提供了基本遵循。

（四）全面建设小康社会与中国特色社会主义道路的全面开拓

实现现代化是中国人民长期以来矢志不渝的理想与追求，中国的现代化道路探索也是中国特色社会主义道路实践的题中应有之义。社会主义建设时期，我们党在探索社会主义建设的实践中曾根据当时的国情作出了工业化现代化的战略规划：一是建立独立的、比较完成的工业体系和国民经济体系；二是使我国走在前列，实现四个现代化。在20世纪70年代末80年代初，邓小平同志提出了"小康"的社会发展目标。经过不断丰富、补充和完善之后，党的十三大明确提出了我国经济建设"三步走"的战略规划，即"第一步，实现国民生产总值比1980年翻一番，解决人民的温饱问题"；"第二步，到本世纪末，使国民生产总值再增长一倍，人民生活达到小康水平"；"第三步，到下个世纪中叶，人均国民生产总值达到中等发达国家水平，人民生活比较富裕，基本实现现代化"[①]。"三步走"的发展战略鲜明地规划了我国从改革开放到21世纪中叶的跨世纪发展蓝图，是我国社会主义初级阶段的具体战略规划，是中国共产党探索社会主义现代化建设规律的重大成果，体现了中国共产党对国家和民族高度负责的精神和实事求是的态度。

此后，我们党带领广大人民群众通过"八五""九五"两个五年计划的建设，在上个世纪末实现了"三步走"的第二步目标。根据我国经济社会发展

---

① 《十三大以来重要文献选编》上册，中央文献出版社1991年版，第16页。

实际，党的十五大进一步对"三步走"的战略规划进行了详细部署，提出"新三步走"发展战略，即在 21 世纪的头十年实现国民生产总值比 2000 年翻一番，使人民的小康生活更加宽裕，形成比较完善的社会主义市场经济体制；到建党百年使国民经济更加发展，各项制度更加完善；到 21 世纪中叶基本实现现代化，建成富强民主文明的社会主义国家。自此，"两个一百年"的奋斗目标开始逐步清晰，成为中国特色社会主义道路上亿万人民团结奋斗的目标和方向。

2002 年，党的十六大对全面建设小康社会进行了详细部署，强调要在新世纪的头二十年全面建设更高水平的小康社会，使经济更加发展、民主更加健全、科教更加进步、文化更加繁荣、社会更加和谐、人民生活更加殷实。这就对全面建设小康社会的奋斗目标从多维度上明确了更加具体的要求。2007 年，党的十七大召开，我们党在十六大确立的小康社会目标的基础上进一步丰富了全面建成小康社会的具体要求，在政治、经济、文化、社会、生态文明等方面做出了新的要求。2012 年，党的十八大明确提出了在建党百年全面建成小康社会的历史重任，至此，从全面建设小康社会向全面建成小康社会的大踏步实践进程中，我们明确了从总体小康到全面小康的目标方向，这是对中国特色社会主义建设目标的全面性、高水平拓展，体现出我们党对全面推进中国特色社会主义建设事业的科学把握和战略自信。

（五）以人为本与中国特色社会主义道路的科学拓展

2003 年，在抗击"非典"的实践中，以胡锦涛同志为代表的中国共产党人在探索加快发展新路子的时候，就开始对全面的发展观念有了初步的思考。2003 年 7 月，胡锦涛同志在防治"非典"的讲话中从九个方面对社会全面协调发展提出了基本要求。随后在江西考察时，又明确提出："要牢固树立协调发展、全面发展、可持续发展的科学发展观。"[①] 2003 年 10 月，党的十六届三中全会通过的《中共中央关于完善社会主义市场经济体制若干问题的决定》完整系统地提出了科学发展观这一重要思想，强调"坚持以人为本，树立全面、协调、可持续的发展观，促进经济社会和人的全面发展"[②]。

科学发展观的提出是基于全面建设小康社会的现实需要，是社会发展规

[①]《中华人民共和国大事记（1949 年 10 月—2019 年 9 月）》，人民出版社 2019 年版，第 101 页。
[②]《十六大以来重要文献选编》上册，中央文献出版社 2005 年版，第 465 页。

律的客观要求。自提出以来，这一思想经过了不断实践、再认识、再实践的过程，实践成效不断提升，理论认识逐渐深入。这一时期，我们党在科学发展观的指导之下提出并践行了构建社会主义和谐社会、建设社会主义新农村、建设创新型国家、树立社会主义荣辱观、加强党的执政能力建设和党的先进性建设、推动构建和谐世界等等，这一系列重大战略思想和实践举措推进了中国特色社会主义道路的科学拓展，谱写了马克思主义中国化的历史新篇章。

这一时期，在中国特色社会主义建设实践上，我们党注重增强发展的协调性，推动经济实现优质高效发展，并且在发展方式转变上取得了重大突破，推动了经济结构的战略性调整。加大科技创新投入，提高自主创新能力，培育战略性新兴产业，改造提升传统产业，发展现代服务业，促进经济增长由主要依靠投资、出口拉动向依靠消费、投资、出口协调拉动转变，由主要依靠第二产业带动向依靠第一、第二、第三产业协同带动转变。与此同时，我们党和国家加大了对教育、医疗、就业、社会保障等社会事业的投入，努力提高人民群众的生活水平；推进教育公平，普及义务教育，发展职业教育和高等教育，提高国民素质；加强医疗卫生体系建设，提高医疗服务水平，实施积极的就业政策，扩大就业规模，提高就业质量，促进充分就业；完善社会保障体系，提高社会保障水平，保障人民群众的基本生活；积极推进社会管理创新，加强和创新社会治理，建立健全社会管理体制机制，完善社会管理格局，提高社会管理科学化水平；加强社会治安综合治理，维护社会稳定，保障人民群众生命财产安全；加强社会组织建设，发挥社会组织在社会管理中的积极作用。

在文化上，我们党注重加强社会主义核心价值体系建设，弘扬以爱国主义为核心的民族精神和以改革创新为核心的时代精神，树立社会主义荣辱观，通过加强思想道德建设，提高公民道德素质，培育文明风尚，为中国特色社会主义事业提供强大的精神动力和思想保证。同时，科学发展观要求推动文化大发展大繁荣。我们党和国家加大对文化事业的投入，加强公共文化服务体系建设，提高文化服务水平，积极推动文化产业发展，培育文化市场主体，优化文化产业结构，提高文化产业竞争力，通过发展文化事业和文化产业，满足人民群众日益增长的精神文化需求。

同时，科学发展观还强调人与自然和谐发展。我们党和国家把生态文明建设放在突出地位，加强生态文明宣传教育，提高全民生态文明意识，形成尊重自然、顺应自然、保护自然的良好风尚；加强生态环境保护，加大对生态建设的投入，实施重大生态修复工程，加强自然保护区建设，保护生物多样性；加强水资源、土地资源、森林资源等自然资源的保护和管理，提高资源利用效率；推进节能减排，加强对能源消耗和污染物排放的控制，积极应对气候变化，加强国际合作，推动低碳经济发展，努力实现经济发展与环境保护的双赢。

三、新时代中国特色社会主义道路的新征程

党的十八大以来，在习近平新时代中国特色社会主义思想的指导下，我国社会主义建设取得了历史性成就，发生了历史性变革，中国特色社会主义进入了新时代，把中国特色社会主义道路实践推向了纵深发展的新征程。

（一）新时代开启中国特色社会主义道路新征程

2017年7月，习近平总书记在中央党校讲话时指出："党的十八大以来，在新中国成立特别是改革开放以来我国发展取得的重大成就基础上，党和国家事业发生历史性变革，我国发展站到了新的历史起点上，中国特色社会主义进入了新的发展阶段。"[①] 2017年10月，党的十九大宣告："经过长期努力，中国特色社会主义进入了新时代，这是我国发展新的历史方位。"[②] 中国特色社会主义进入新时代是一个重大的政治判断，意味着今天中国的发展进入了新的历史时期。

新时代具体是一个什么样的时代？党的十九大报告中进一步揭示出了新时代的内涵，即"这个新时代，是在新的历史条件下继续夺取中国特色社会主义伟大胜利的时代，是决胜全面建成小康社会、进而全面建设社会主义现代化强国的时代，是全国各族人民团结奋斗、不断创造美好生活、逐步实现全体人民共同富裕的时代，是全体中华儿女勠力同心、奋力实现中华民族伟大复兴中国梦的时代，是我国日益走进世界舞台中央、不断为人类作出更大贡献的时代"[③]。

---

① 《习近平谈治国理政》第二卷，外文出版社2017年版，第62页。
② 《习近平著作选读》第二卷，人民出版社2023年版，第8-9页。
③ 《习近平著作选读》第二卷，人民出版社2023年版，第9页。

一方面，我们可以从历史发展演进的角度来看新时代。首先，在时间维度上，新时代的历史方位标识了中国特色社会主义在当前历史时期所处的位置和演进走向。新时代是中国特色社会主义发展到党的十八大以后的新时代，具体来讲，新时代是从党的十八大到实现建成社会主义现代化强国的阶段。其次，中国特色社会主义新时代是承前启后、继往开来的时代。这就意味着新时代是在过去各个发展阶段尤其是改革开放以来的基础上继承和发展而来的，同时又有着与时俱进的新发展的阶段性特征。具体来说，经过长期的发展，今天我国社会生产力水平显著提高，社会主要矛盾发生转化，中国特色社会主义事业取得新的历史性突破和成就并且进入新的发展时期。因此，新时代是在现有基础上不断再去夺取新的伟大胜利的时代。再次，新时代也是我们党带领全国各族人民在中华民族"富起来"的基础上实现"强起来"的时代。我们要从近代以来中华民族发展的总的历史进程来把握，即从"站起来""富起来"到"强起来"这一历史发展进程上把握，这是把握中国发展的大的历史尺度。新时代这一历史时期的历史范畴与中华民族发展历程和发展趋向相一致，正好对应了中华民族走向伟大复兴的历史征程。

另一方面，我们可以从目标任务定位的角度来看新时代。首先，在价值目标取向上，这个新时代是全国各族人民团结奋斗、不断创造美好生活、逐步实现全体人民共同富裕的时代，也是全体中华儿女勠力同心、奋力实现中华民族伟大复兴中国梦的时代。这显示了新时代更加注重人的全面发展和社会全面进步，追求更高质量、更有效率、更加公平、更可持续的发展。其次，在中华民族的发展上，新时代是我们党带领全国各族人民在"富起来"的基础上实现"强起来"的阶段，在这里则聚焦于实现"强起来"的目标。新时代的主要任务就是在第一个百年奋斗目标的基础上实现第二个百年奋斗目标，即把我国建成富强民主文明和谐美丽的社会主义现代化强国。这就意味着在新时代的背景下，中国不仅要在经济上保持强劲的发展势头，而且要在政治、文化、科技、军事等多个领域都展现出强大的实力和影响力。中国特色社会主义进入新时代的定位既着眼于未来发展的远瞻，又立足于现实问题的解决，使我国社会发展有步骤、分阶段地在新时代的画卷中徐徐展开。这体现了目标的战略性与操作性的有机统一。再者，新时代要解决新的社会主要矛盾。新时代我国社会主要矛盾已经转化为人民日益增长的美好生活需要和不平衡不充分的发展之间的矛盾。我们要着力解决发展不平衡不充分问题，满足人民对美好生活的向往。这是新中国成立七十多年来，尤其是改革开放四十多年来，中国社会发展所发生的重大变化，也证明了中国发展进入了一个新的发展阶段。最后，中国特色社会主义进入新时代也意味着我国在国际社会所发生的重大变化，即我国的国际地位、国际影响力以及与世界的关系都发生了历史性变化。我们将不断为人类作出更大的贡献，这体现了中国的国际责任感和使命感，体现了新时代中国特色社会主义事业发展的世界价值与国际观照。

总起来说，中国特色社会主义进入新时代是一个全面的、立体的概念，需要从多个角度进行深入理解和把握。"中国特色社会主义进入新时代，意味着近代以来久经磨难的中华民族迎来了从站起来、富起来到强起来的伟大飞跃，迎来了实现中华民族伟大复兴的光明前景。"[1] 这个新时代既是党领导广大人民群众不懈奋斗的结果，也是中国特色社会主义制度优越性的生动体现，更是我们比历史上任何时期都更加接近实现中华民族伟大复兴的宏伟目标的时代。

（二）全面建成小康社会与中国特色社会主义道路的新布局

全面建成小康社会是党的十八大报告中明确提出的在建党百年时所要完成的历史任务，也是党的十九大报告再一次强调的新"三步走"战略安排的第一步，即到2020年实现全面建成小康社会的目标。2021年，习近平总书记在建党一百周年大会上庄严宣告我们全面建成了小康社会，推进了中国特色社会主义进入了新阶段。与此同时，党的十九大还对第二个百年奋斗目标作出了详细的阶段性规划：从建党百年到2035年的奋斗目标是基本实现社会主义现代化，从2035年到建国百年的奋斗目标是建成富强民主文明和谐美丽的社会主义现代化强国。这是我们党根据国际形势和国内条件的变化所作出的新世纪的宏伟蓝图和战略规划，是对新中国成立之后党中央对社会主义工业化现代化的初步构想和改革开放之后邓小平同志提出的"三步走"战略的继承与发展，是对"两个一百年"目标的进一步丰富、具体和充实。这意味着在新的历史条件和新的时代条件下，中国特色社会主义的发展站在了一个新

---

[1] 《习近平著作选读》第二卷，人民出版社2023年版，第9页。

的起点上,这是对我国社会主义现代化建设的又一具体谋划和总体安排,是继往开来的总体部署。

新时代,我们党在中国特色社会主义建设上提出了新发展理念。党的十八届五中全会在以人民为中心思想的指导下,鲜明地提出了创新、协调、绿色、开放、共享的新发展理念。其中,创新是发展的第一动力,我们要坚持创新发展,提高经济发展速度、质量和效能,增强发展动力,更好地引领经济新常态发展,实现国民经济又好又快发展,提高人民生活水平,最终实现共同富裕。协调是健康发展的内在条件,致力于调节社会发展过程中产生的不平衡和不协调,推进城乡之间协调发展和区域之间协调发展,补齐社会短板,推动社会和谐发展,让发展成果惠及全体人民。绿色是持续发展的关键,人类生产活动要尊重、顺应、保护自然,实现人与自然和谐发展,走绿色、低碳、可持续发展之路,给子孙后代留下美好的生态环境。开放是繁荣发展的必然要求,一个国家与世界孤立是不可能发展起来的,必须坚持开放发展,将走出去与引进来相结合,发展开放型经济,推动中国与世界共同发展。共享是社会发展的本质要求,要坚持全民共享、全面共享、共建共享、渐进共享,让全体人民共享经济发展成果,使人民群众有更多的幸福感。新发展理念引领今天中国经济社会的发展进程,彰显我们党一切为了人民、为了人民的一切的根本执政原则。

新时代,我们党在中国特色社会主义建设上提出了"五位一体"的总体布局。党的十八大明确了中国特色社会主义建设的"五位一体"总体布局,并于党的十九大将其写入了党章。在经济方面,贯彻新发展理念,深化供给侧结构性改革,建设现代化经济体系,加大改革力度,发展实体经济,推动经济发展由高速度转向高质量发展,致力于解决人民经济困难问题。2013年,党的十八届三中全会明确提出使市场在资源配置中起决定性作用并且更好地发挥政府的作用。市场起决定作用并不等于起全部作用,也不是自由放任市场经济,因为政府在其中发挥着重要的宏观调控作用。2019年,在《中共中央关于坚持和完善中国特色社会主义制度、推进国家治理体系和治理能力现代化若干重大问题的决定》一文中,我们党将公有制为主体多种所有制经济共同发展、按劳分配为主体多种分配方式共存、社会主义市场经济体制作为社会主义基本经济制度提出来,增强了我国在推进社会主义和市场经济制度融合上的深度与广度，进一步完善了这一体制。在政治方面，我们坚持中国特色社会主义政治发展道路不动摇、坚持人民当家作主的制度体系、巩固爱国统一战线，切实保障人民群众政治权利，实现权为民所用、利为民所谋。在文化方面，我们培育和践行社会主义核心价值观，鼓励人民群众树立文化自信，加快文化强国建设，发展人民群众喜闻乐见的先进文化和人民群众满意的文化事业，提高人民群众文化水平。在社会方面，我们致力于解决人民群众关心的切身问题，在经济发展过程中保障和改善民生，促进社会公平正义，实现人民群众对美好生活的向往。在生态文明方面，我们坚持人与自然和谐发展，走生产发展、生活富裕、生态良好的文明发展道路，建设资源节约型、环境友好型社会，建设美丽中国，让人民群众有更好的生态环境。这五大战略部署是对今天中国特色社会主义建设的经济、政治、文化、社会、生态文明方面的总体布局，是对国家建设和发展的总体规划。

新时代，我们党在中国特色社会主义建设上提出了"四个全面"战略布局。"四个全面"战略布局彰显人民主体地位，代表人民群众根本利益。首先，全面建成小康社会直接代表人民群众利益。该"全面"指覆盖的领域要全面、人口要全面、区域要全面。我们要坚决打赢脱贫攻坚战，精准扶贫，精准脱贫，做到脱真贫、真脱贫，消除贫困地区和贫困人口，解决人民生活困难的问题。在全面建成小康社会的历史任务完成之后，党的十九届五中全会明确将这一部分内容调整为全面建设社会主义现代化国家。这也证明在第一个百年奋斗目标完成之时，在向第二个百年奋斗目标迈进的时候，我们党又作出了新时代"两步走"的战略安排。这是处理好长期方向和短期目标的战略部署，既不迷失方向，又能脚踏实地。其次，全面深化改革是一场为人民而进行的改革。完善中国特色社会主义制度，推动国家治理体系和治理能力现代化，目的是让人民共享改革发展成果。再次，全面依法治国为人民群众当家作主提供法律保障。要推动建设社会主义法治国家，走社会主义法治道路。最后，全面从严治党是实现人民主体地位的领导力量永葆生机活力的必由之路。中国共产党始终坚持立党为公、执政为民，始终代表最广大人民的根本利益，推进党的建设新的伟大工程就是为了更好地做到以人民为中心。"四个全面"战略布局已经于党的十九大写入党章，其所包含的四个方面内容之间的内在逻辑关系是实现强国目标进程中一个都不能少的要素，是我们党在社会主义建设认识上的科学总结、在实践上丰富发展的力证。

（三）全面深化改革与中国特色社会主义道路的新动力

改革是中国特色社会主义发展的强大动力。习近平总书记指出："改革开放以来历次三中全会都研究讨论深化改革问题"，"说到底，就是要回答在新的历史条件下举什么旗、走什么路的问题"①。新时代全面深化改革的发展历程贯穿于中国特色社会主义道路深入推进的历史实践之中，推动了道路实践的走深走实走稳。

新时代以来，我国经济进入新的发展阶段。这一发展阶段的改革面临着各方面各领域体制机制完善的新问题，而仅仅在一个领域率先取得成就的改革方法已经不再适用于新时代的新形势。因此，习近平总书记指出"面对新形势新任务，我们必须通过全面深化改革，着力解决我国发展面临的一系列突出矛盾和问题"②。2013年11月，党的十八届三中全会讨论通过《中共中央关于全面深化改革若干重大问题的决定》，从政治、经济、文化、社会、生态、党的建设、国家安全等七个方面对全面深化改革谋篇布局，建构新时代推进改革的"四梁八柱"。在这一阶段国家对全面深化改革的认识从局部调整到全面深化，其中，重在"全面"，强调深化，更多的是进行基础性改革，架构起全面深化改革主体框架。

随着全面深化改革的不断深入，改革进程逐步进入攻坚区和深水区，问题更加深刻，涉及更多的是制度层面的深层次体制机制问题。在十九届三中全会中习近平总书记指出："我们也要看到，党和国家机构职能中存在的一些深层次体制难题还没有解决。"③ 党的十九届四中全会通过了《中共中央关于坚持和完善中国特色社会主义制度、推进国家治理体系和治理能力现代化若干重大问题的决定》，从制度、治理体系和治理能力等多个方面进行部署，开启更深层次的制度改革。这一时期，从制度层面和国家治理层面对全面深化改革的认识进一步深化，改革从基础性改革向制度性改革的纵深发展。

---

① 《十八大以来重要文献选编》上册，中央文献出版社 2014 年版，第 495 页。
② 习近平：《关于〈中共中央关于全面深化改革若干重大问题的决定〉的说明》，《光明日报》2013 年 11 月 16 日。
③ 《〈中共中央关于深化党和国家机构改革的决定〉〈深化党和国家机构改革方案〉辅导读本》，人民出版社 2018 年版，76 页。

2024年，党的二十届三中全会审议通过了《中共中央关于进一步全面深化改革、推进中国式现代化的决定》，提出"进一步全面深化改革"，实现了从"全面深化改革"到"进一步全面深化改革"的迈进。不难发现，在顶层设计方面，我们更加注重改革的系统集成，在具备了向更深层次挺进的基础上今天的改革站在了更高的起点上，以更高的目标进行推进。同时，今天的改革在主体框架基本构建的基础上推进改革的系统集成、制度集成，全面提升制度效能。在经济体制改革上，明确提出了在2035年要全面建成高水平社会主义市场经济体制，充分发挥市场在资源配置中的决定性作用的同时要更加注重政府的作用。把社会主义市场经济体制纳入我国基本经济制度，进一步拓展了基本经济制度的范畴和内容。在政治体制改革上，围绕坚持党的领导、人民当家作主、依法治国有机统一这一核心内容，不断完善坚持党的全面领导制度，优化政府机构设置和职能配置，统筹党政军群机构改革，聚焦全过程人民民主建设。在文化体制改革上，以建设社会主义文化强国为目标，加快完善文化管理体制和文化生产经营机制，建立健全现代公共文化服务体系、现代文化市场体系，更加重视意识形态工作，坚持马克思主义在意识形态领域的指导地位，健全意识形态工作责任制。在社会体制改革上，围绕更好地保障和改善民生、促进社会公平正义，聚焦人民生活品质，深化就业体制改革，推进收入分配体制改革，健全社会保障体制和完善社会治理体系。在生态体制改革中，贯彻"绿水青山就是金山银山"的理念，紧紧围绕建设美丽中国深化改革，健全完善生态领域的法律法规，建立并健全国土空间开发、自然资源产权、生态环境保护、生态环境治理、生态环境补偿等相关体制机制，建立健全生态文明建设相关制度。在党的建设领域，围绕着提高党的执政能力、保证党的先进性和纯洁性深化改革，加强党的制度建设，推进党的自我革命，构建以党内监督为主导、各类监督贯通协调的机制，加强对权力运行的监督和约束。

（四）"人类命运共同体"与中国特色社会主义道路的新使命

人类命运共同体的提出高度体现了中国作为世界大国的责任与担当，更蕴含着新的历史条件下中国新的时代使命，体现了新时代中国特色社会主义道路影响力在国际社会的重要提升和新的发展。

人类只有一个地球，世界各国共同处于一个家园。从2012年党的十八大明确指出"要倡导人类命运共同体意识""增进人类共同利益"①，到2015年9月习近平在纽约联合国总部发表讲话阐述人类命运共同体和全人类共同价值的内涵，再到党的十九大报告以及新修订的宪法都写入了构建人类命运共同体的内容，进而到党的二十大报告中指出"弘扬和平、发展、公平、正义、民主、自由的全人类共同价值"②，继续推动构建人类命运共同体，这些都充分说明这一构想发展至今已经形成了丰富、科学的理论体系，并赢得了国内外的广泛认同。当今世界正处于大发展大变革大调整的历史时期，百年未有之大变局加速演进，人类社会面临着相对于以往更为复杂严峻的形势与全球性问题，世界各国之间相互依存，共处于一个统一体中。因此，任何一个国家在面临全球性重大问题时都不可能独善其身、置身事外。人类命运共同体提倡发展中国家同发达国家一同参与到全球治理过程中，维护世界秩序稳定，实现人类共同价值。

"人类命运共同体"内涵丰富，意蕴深远，其核心是构建持久和平、普遍安全、共同繁荣、开放包容、清洁美丽的世界。第一，在政治上，各国之间要平等相待，要致力于构建相互尊重、公平正义、合作共赢的国际关系，走对话而不对抗、结伴而不结盟的国际合作新道路。不利用大国优势欺压小国，当国家之间出现矛盾、冲突时，以和平、协商方式解决，实现世界持久和平。第二，在安全上，坚持以对话、协商方式解决争端、化解分歧，统筹应对各种安全威胁，反对恐怖主义。目前，基于国际安全动荡的形势，"人类命运共同体"旨在倡导共商共建共享的全球治理理念，营造共同安全、普遍安全的全球安全格局。第三，在经济上，各国之间要风雨同舟，促进并推动经济全球化朝着更加开放、包容的方向发展。发展是第一要务的理念适用于世界各国，发展的方式根本在于国家自身的选择，各国必须通过自身努力借助国际合作实现自身发展，让发展成果惠及本国人民。第四，在文化上，世界文化不论在其内容还是表现形式上都具有多样性，要尊重世界文明，促进各国文化之间的交流、借鉴与共存。每个国家的文明都是独一无二的，具有本民族

---

① 《胡锦涛文选》第三卷，人民出版社2016年版，第651页。
② 习近平：《高举中国特色社会主义伟大旗帜 为全面建设社会主义现代化国家而团结奋斗——在中国共产党第二十次全国代表大会上的报告》，人民出版社2022年版，第63页。

特色和历史底蕴，没有高低优劣之分，它们共同构成人类社会宝贵的精神财富。"人类命运共同体"就是要秉承异中有同、同中有异、有容乃大之理念，推动世界文化交流互鉴。第五，在生态上，人类居住在同一个地球，共同拥有同一个家园，在利用自然、改造自然的过程中更要尊重自然、保护自然，友好对待环境，走绿色、低碳、循环、可持续发展道路，保护好人类共同的家园。

"人类命运共同体"作为中国为全球发展与治理提供的新思路和新观念，与传统治理观相比具有突出鲜明的特点。首先，"人类命运共同体"具有求实性。这一命题并非一个空想，而是实实在在的治理方案。它强调世界上每一个国家，无论是大国还是小国、强国还是弱国，在全球治理中都负有重要责任，并倡导发挥每一个国家在推进、优化全球治理中的关键作用，通过合作制定可行的方案，应对诸多不确定性挑战。其次，人类命运共同体具有全局性。"人类命运共同体"内涵涉及政治、安全、经济、文化、生态、外交等多个方面，各个局部结合起来构成一个整体，从而推动国际社会获得更好的发展，体现出其全局性、系统性特征。最后，人类命运共同体具有包容性。不管在政治方面，还是在经济、文化等方面，人类命运共同体主张发展中国家同发达国家享有同样的机会和权利，以和为贵，主张推进发展中国家与发达国家的共同发展，共同打造双赢甚至是多赢的良好局面。

当前，"一带一路"建设是"人类命运共同体"的实践平台。随着全球各国之间经济贸易的联系越来越紧密，旧的国际经济秩序矛盾凸显，诱发世界的矛盾冲突，甚至是动荡不安，究其本质是国际旧秩序的根基在动摇，公正合理的国际新秩序在萌生和成长。2013年，习近平主席在出访中亚和东南亚时提出了建设丝绸之路经济带和21世纪海上丝绸之路的倡议，即"一带一路"。2015年3月，习近平主席在博鳌亚洲论坛开幕式上讲道："'一带一路'建设不是要替代现有地区合作机制和倡议，而是要在已有基础上……实现发展战略相互对接、优势互补。"[①] 这增强了各参与国对"一带一路"建设的信心。"一带一路"顺应了世界发展潮流，有利于推动世界上各个国家尤其是亚洲发展中国家的经济合作与优势互补，加强该地区基础设施建设，让中国经

---

① 习近平：《迈向命运共同体 开创亚洲新未来——在博鳌亚洲论坛2015年年会上的主旨演讲（2015年3月28日，海南博鳌）》，《人民日报》2015年3月29日。

济的发展带动其他国家和地区的发展，为全球经济的增长作出贡献。更为重要的是，它在一定程度上突破了旧有的国际政治经济秩序，为未来新秩序的萌生和建立奠定了极为宝贵的基础。当然，它也是我国所倡议的人类命运共同体思想的具体实践成果，是提升中国特色社会主义道路的国际影响、国际形象和国际评价的重要维度。

四、中国道路是遵循历史发展规律的道路抉择

中国道路具有极为鲜明的中国特色，在世界上是独一无二的，但这条独一无二的国家发展道路是在尊重人类社会发展规律、顺应历史的发展趋势的基础上开辟出来的。今天，中国道路的深化发展也依然要尊重规律的客观性、历史性和长期性。

（一）马克思主义理论关于人类社会发展一般规律的表述

唯物史观是马克思的伟大发现之一。它阐述了人类社会发展的一般规律，即生产力与生产关系之间的规律和经济基础与上层建筑之间的规律。规律具有客观性，不以人的意志为转移，人类社会的发展必须遵循这个一般规律。

第一，生产力与生产关系之间的规律。人类想在社会中获得生存和发展，首先要解决的是衣食住行的基本问题，也就是物质资料的生产问题。在物质资料的生产过程中，形成了双重关系：一方面是人与自然的关系，另一方面是人与人的关系；前者构成了生产力，后者构成了生产关系。生产力是人们在社会实践中为了改造自然所形成的能力。生产力有三个要素，包括劳动资料、劳动对象以及劳动者。劳动者是生产力中最活跃的因素，需要注意的是，虽然劳动者是人，但并不是所有人都是劳动者，只有具备一定生产能力的人才是劳动者。马克思指出："为了进行生产，人们相互之间便发生一定的联系和关系；只有在这些社会联系和社会关系的范围内，才会有他们对自然界的影响，才会有生产。"[①] 社会关系具有丰富的内容，涵盖了宗教文化等多个领域，但是生产关系是最基本之内容、最基础之关系。何谓生产关系？其实际上指的是人类于现实生产实践中所构建起来的关于人和人之间的关系。它主要涵盖三个方面的内容，即生产资料所有制关系、生产中人与人的关系和产

---

① 《马克思恩格斯选集》第一卷，人民出版社2012年版，第340页。

品分配关系。其中第一种关系无疑是生产关系中最基本的关系，因为所有制可以将生产中的人和物结合起来，使生产力从可能变成现实。马克思指出："各个人借以进行生产的社会关系，即社会生产关系，是随着物质生产资料、生产力的变化和发展而变化和改变的。"①"随着新生产力的获得，人们改变自己的生产方式，随着生产方式即谋生的方式的改变，人们也就会改变自己的一切社会关系。"② 马克思所说表明生产关系随着生产力变化，即生产力决定生产关系。这种决定作用表现在两个方面：一方面是生产力性质决定生产关系性质，即生产力是什么样的，则生产关系必然是此样的；另一方面是生产力的发展决定生产关系的变革，即指在某一时期若出现了生产关系与生产力相冲突的情况，人们最终会通过一定措施使得生产关系去适应生产力，让两者共同作用再次产生积极效应。与此同时，生产关系对生产力有重要的反作用。当生产关系与生产力相适应时，会为生产力之发展产生正面作用，否则，将会产生负面作用。这是人类社会发展的最根本规律。

第二，经济基础与上层建筑之间的规律。1859 年，马克思于《〈政治经济学批判〉序言》中对经济基础和上层建筑的基本概念作出了简明的论述，其指出"这些生产关系的总和构成社会的经济结构，即有法律的和政治的上层建筑竖立其上并有一定的社会意识形式与之相适应的现实基础"③。生产关系的总和构成经济基础，一个社会中的生产关系是多样的，但只有占统治地位的才能构成经济基础。上层建筑是与经济基础相适应的意识形态以及制度、组织和设施。上层建筑有两类，一类是观念上层建筑，主要是道德、宗教等思想观点；一类是政治上层建筑，主要是国家制度、军队等政治组织。政治上层建筑在整个上层建筑中处于首要地位。经济基础决定上层建筑的主要内容有三方面。第一，经济基础决定上层建筑的产生。"在不同的财产形式上，在社会生存条件上，耸立着由各种不同的，表现独特的情感、幻想、思想方式和人生观构成的整个上层建筑。"④ 经济基础是根基，不管是政治上层建筑还是观念上层建筑，都是由经济基础决定的。第二，经济基础决定上层建筑的性质。什么样的经济基础决定了什么样的上层建筑。第三，经济基础决定

---

① 《马克思恩格斯选集》第一卷，人民出版社 2012 年版，第 340 页。
② 《马克思恩格斯选集》第一卷，人民出版社 2012 年版，第 222 页。
③ 《马克思恩格斯选集》第二卷，人民出版社 2012 年版，第 2 页。
④ 《马克思恩格斯选集》第一卷，人民出版社 2012 年版，第 695 页。

上层建筑的变化发展。经济基础并非一成不变，随着生产力的发展，经济基础会变化，上层建筑也会随之变化发展。同样，上层建筑服务于经济基础，主要有以下三个方面。第一，服务的方向。主要体现在保护自己和排除异己两个方面，即巩固经济基础和排除不利于经济基础发展的因素。第二，服务的方式。上层建筑通过一定的秩序来为经济基础服务。第三，服务的效果。当上层建筑发展同经济基础的发展是同步的时候，一般而言是会对经济基础的发展起到积极的促进作用；相反，会起到消极的阻碍作用。从两者之间的相互作用中可以得出经济基础与上层建筑之间的规律，而这是人类社会发展的另一大规律。

（二）中国特色社会主义道路符合人类社会发展的一般规律

社会的发展要遵循社会发展的一般规律，中国特色社会主义道路的形成与发展也同样符合人类社会发展的一般规律。

1. 我国的基本经济制度符合生产力与生产关系之间的基本规律

我国确立了社会主义基本经济制度，即以公有制为主体、多种所有制形式共同发展的经济制度，通过不断调整上层建筑与经济基础之间的关系，使之相适应，从而更好地提高生产力发展水平。

第一，以公有制为主体适应了社会主义初级阶段的生产力发展水平。对于建立什么样的所有制结构，确立什么样的经济制度，党中央对这一问题的认识有一个逐渐深化的过程。新中国是在经济文化比较落后的条件下建立的，为了快速发展生产力，我国在经济上建立了高度集中的计划经济体制，该体制在某种程度上具有集中人力物力财力办大事的优势，但是随着经济的发展，它的弊端也逐渐暴露出来。1978年之后，党中央根据国情及社会性质逐步制定了以公有制为主体、多种所有制形式共同发展的基本经济制度。首先，我国是社会主义国家，必须坚持公有制占主体地位，这是社会主义和资本主义的根本区别。公有制能够确保更好地实现社会化大生产，确保人民当家作主。其次，我国当前处社会主义初级阶段，必须立足这个实际，从基本国情出发。在初级阶段生产力并不发达，需要除公有制之外的其他类型的所有制形式促进经济发展。最后，根据"三个有利于"的标准，在公有制占主体地位的情况下，可以允许有利于生产力发展的其他所有制形式存在，促进经济发展。

第二，以按劳分配为主体的基本分配制度符合初级阶段的社会生产力水平。有什么样的生产方式，就有什么样的分配方式。我国现存的基本经济制度必然决定了我国必须实行按劳分配为主体、多种分配方式并存的分配制度。这也符合马克思对分配方式的基本认知规律，正如邓小平所言："社会主义是共产主义第一阶段，这是一个很长的历史阶段，必须实行按劳分配，必须把国家、集体和个人利益结合起来，才能调动积极性，才能发展社会主义的生产。"① 按劳分配的主体地位是公有制主体地位的具体表现，只有坚持按劳分配，才能保证人们在经济关系基础上建立相对良好的经济利益关系，从而向着共产主义的最终目标不断前进。个体经济、私营经济、混合所有制经济等多种所有制经济的共同发展决定了我们不仅有基本性的分配方式，还具备其他辅助性的分配方式，多种分配方式并存，主要是按生产要素进行分配。按生产要素分配，就是生产要素所有者凭借其对生产要素的所有权从使用者那里获益。生产要素主要分为两类，一类是物质生产条件，如土地等生产资料；一类是人的劳动，如技术、管理等。党的十七大将按生产要素分配这一分配方式确立为制度目标，指出"健全劳动、资本、技术、管理等生产要素按贡献参与分配的制度"②。为了更好地实现按生产要素分配，必须实行生产要素按贡献参与分配的制度，调动各方面生产要素的积极性，让创造财富的源泉充分涌流。

第三，社会主义市场经济体制是在生产力生产关系原理框架内作出的创新创造。

我国根据生产力的发展要求把社会主义和市场经济相结合，建立社会主义市场经济体制，不断改革，探索实现从市场在资源配置中起基础性作用到市场在资源配置中起决定性作用，并更好地发挥政府作用，促进生产力和经济的发展。马克思主义经济理论对未来社会经济发展体制的构想是建立在相应的生产力水平基础之上的，即高度发达的资本主义社会生产力发展水平。新中国成立初期实行计划经济体制，但是后期计划经济体制的弊端逐渐暴露，党和国家领导人开始重新思考计划和市场之间的关系。20世纪70年代末，中国开始进行全面的经济体制改革。在农村实行家庭联产承包责任制，鼓励兴

---

① 《邓小平文选》第二卷，人民出版社1994年版，第351页。
② 《胡锦涛文选》第二卷，人民出版社2016年版，第643页。

办乡镇企业，促进了农村经济市场化的发展；在城市对企业进行改革，加强企业间资金、技术等要素的流通，显现出市场经济的活力；在沿海开设经济特区，将计划和市场相结合，探索市场经济建设，最终在20世纪末初步建立社会主义市场经济体制，发挥市场在资源配置中的作用。当然，市场在资源配置中起决定性作用并不等于起全部作用，并不是实行完全自由放任的市场经济，因为政府在其中起到宏观调控的作用。

习近平总书记指出："提出建立社会主义市场经济体制的改革目标，这是我们党在建设中国特色社会主义进程中的一个重大理论和实践创新，解决了世界上其他社会主义国家长期没有解决的一个重大问题。"① 我国按照社会发展两大基本规律，建立社会主义市场经济体制，实现社会主义和市场经济的结合，这在人类历史上具有里程碑的意义。

2. 中国道路的形成发展符合经济基础与上层建筑之间的基本规律

我国生产力的发展水平实现了从新中国成立初期比较落后到改革开放以来的快速发展，很重要的一个原因就是根据经济基础与上层建筑之间的规律制定正确的方针、政策，促进了经济社会的发展进步。

第一，过渡时期总路线是对当时社会生产力水平的政策回应。新中国是在半殖民地半封建社会的基础上建立起来的，经济文化比较落后。毛泽东对此时的经济文化落后局面评价道："现在我们能造什么？能造桌子椅子，能造茶碗茶壶，能种粮食，还能磨成面粉，还能造纸，但是，一辆汽车、一架飞机、一辆坦克、一辆拖拉机都不能造。"② 由此，我们党开始将马克思主义基本原理和中国国情相结合，探索中国自己的经济发展道路，从"走苏联的路"发展到"走自己的路"。在社会主义革命时期制定了过渡时期总路线，即实行"一五计划"和"三大改造"同时并举的方针，大力发展生产力，同时对农业、手工业、资本主义工商业进行改造，消灭私有制，建立公有制，确立了社会主义基本制度，为今后的发展提供了物质前提和制度基础。

第二，"以经济建设为中心"是符合经济基础与上层建筑规律的重要决策。在十一届三中全会上，我党重新确立了解放思想、实事求是的思想路线，提出了把我国的工作重心从"阶级斗争"转移到经济建设上来的战略决策。

---

① 《习近平著作选读》第一卷，人民出版社2023年版，第182-183页。
② 《毛泽东文集》第六卷，人民出版社1999年版，第329页。

党的十三大提出"一个中心，两个基本点"的基本路线，其中，"以经济建设为中心"体现了社会主义的根本任务即大力发展生产力，"坚持四项基本原则"体现了生产力快速发展的政治保证，"坚持改革开放"为发展生产力提供了有利的内部和外部条件。"一个中心，两个基本点"的基本路线完整地体现了生产力和生产关系、经济基础和上层建筑之间的辩证统一关系。社会主义本质要求大力发展生产力，推动经济发展，它的提出是对"以经济建设为中心"思想的进一步深化和发展。1992年，邓小平于南方谈话中对社会主义的本质作了简明精辟的概述，即"社会主义的本质，是解放生产力，发展生产力，消灭剥削，消除两极分化，最终达到共同富裕"①。社会主义本质的论断，既包括生产力的问题，也包括生产关系的问题。"解放生产力，发展生产力"体现了我国对生产力的重视，纠正了过去忽视生产力发展的错误观念。"消灭剥削，消除两极分化，最终达到共同富裕"体现了我国推进生产力发展的最终目标与资本主义国家是有着本质区别的，我国发展生产力的最终目的是让人民摆脱贫困，过上幸福生活。

第三，科学发展观是对经济发展现状作出的符合经济基础与上层建筑之间规律的调整。科学发展观的第一要义是推动经济社会发展，而发展是推动社会进步的动力，是我们党执政兴国的第一要务，只有依靠发展，中国特色社会主义事业才能不断前进。胡锦涛同志曾指出，"发展是解决中国一切问题的总钥匙"②。社会主义建设过程中，我们曾经为了生产力过度追求发展速度而忽视了发展质量和本质，犯了错误，也走了弯路。科学发展观的提出回答了"实现什么样的发展，怎样发展"的问题，即转变经济发展方式，调整产业结构，加强科技创新，实施创新驱动发展战略，深化经济体制改革，推动第三产业的发展，使第一、第二、第三产业均衡发展。同时，针对我国地区经济发展不均衡、东中西部和城乡之间发展差距较大的问题，科学发展观倡导要优化城乡经济结构，推动城乡一体化发展，进而缩小地区之间的发展差距。当然，科学发展并不是忽视生产力的发展，是依然重视生产力的发展，但是关键点在于"科学"两字，即在追求生产力和经济的发展过程中，注重生态环境的保护，处理好经济发展和社会进步之间的关系，促进生产关系与

---

① 《邓小平文选》第三卷，人民出版社1993年版，第373页。
② 《胡锦涛文选》第三卷，人民出版社2016年版，第95页。

生产力、上层建筑与经济基础相适应，推动经济可持续发展，实现国民经济又好又快发展。

第四，供给侧结构性改革和建设现代化经济体系是新时代符合人类社会发展规律的战略选择。实现中华民族伟大复兴是十四亿中华儿女的殷切期盼，为了实现社会主义现代化和中华民族伟大复兴，建设社会主义现代化强国，党的十八届五中全会提出了新发展理念，这些理念是根据我国经济发展的新趋势和社会发展的新矛盾提出的，具有战略性和引领性。五大新发展理念不是相互脱离的，而是相互契合、相互促进的，五者之间具有高度的内在统一性，其通过综合性效应的发挥共同促进了我国生产力与经济的加速发展。党的十八大以来，我国经济发展进入新常态，由高速增长阶段转向高质量发展阶段，但同时我国也仍然存在着区域发展不平衡等问题，为此我国提出实行供给侧结构性改革，促进生产力发展，提高发展质量。同时，我们作出建设现代化经济体系的战略决策，明确实体经济是一国经济的重要支柱，要大力发展实体经济，为经济整体发展提供有力支撑，并且加快实施创新驱动发展战略，争取实现2035年跻身创新型国家前列的目标。此外，还要加快区域发展，缩小区域发展差距；发展开放型经济，提高自身国际竞争力；完善优化社会主义市场经济体制，为我国经济的可持续性发展提供新的不竭动力。

上述在中国特色社会主义建设过程中的战略部署都是经济基础和上层建筑之间的规律在中国道路实践进程中的具体表现，对这一规律的遵循始终贯穿在中国道路的发展过程之中。

五、中国道路实践发展顺应历史发展的基本趋势

马克思、恩格斯关于社会发展阶段问题的认识是我国社会主义初级阶段理论产生的理论根源。根据他们的关于人类社会发展阶段的表述可以发现，我国在中国特色社会主义理论指导下所进行的道路实践是坚持了科学社会主义的基本原则，符合历史前进的基本趋势和科学逻辑的。

（一）马克思主义经典作家关于人类社会形态发展阶段的阐述

伟大的无产阶级革命家马克思、恩格斯、列宁在不同的历史时期都曾经对人类社会发展进程和社会发展阶段问题有了深刻的认识和判断，他们关于这一问题的认识成为我国社会主义初级阶段理论产生的理论根源。

1. 马克思、恩格斯有关社会发展阶段问题的理论阐述

马克思在《〈政治经济学批判〉序言》中就关于人类社会形态发展过程的认识曾深刻地指出:"大体说来,亚细亚的、古希腊罗马的、封建的和现代资产阶级的生产方式可以看做是经济的社会形态演进的几个时代。……人类社会的史前时期就以这种社会形态而告终。"① 照此说来,马克思按照生产力与生产关系、经济基础与上层建筑的不同,将人类社会的历史发展演进大体上分为原始社会、奴隶社会、封建社会和资本主义社会。而马克思认为"代替那存在着阶级和阶级对立的资产阶级旧社会的,将是这样一个联合体,在那里,每个人的自由发展是一切人的自由发展的条件"②。也就是说,资本主义社会终将难逃被共产主义社会所代替的必然命运。基于此,马克思的社会形态理论便将人类社会的历史演进概括为由原始社会、奴隶社会、封建社会、资本主义社会到共产主义社会的从低级到高级的发展过程。

后来,马克思在《哥达纲领批判》中把共产主义社会分为两个阶段,即"共产主义社会第一阶段"和"共产主义社会高级阶段"③。那么,共产主义社会第一阶段是什么样的发展阶段呢?马克思认为:"我们这里所说的是这样的共产主义社会,它不是在它自身基础上已经发展了的,恰好相反,是刚刚从资本主义社会中产生出来的,因此它在各方面,在经济、道德和精神方面都还带着它脱胎出来的那个旧社会的痕迹。"④ 而后,随着人类社会的发展进步,人类社会逐渐步入共产主义社会高级阶段。"在共产主义社会高级阶段,在迫使个人奴隶般地服从分工的情形已经消失,从而脑力劳动和体力劳动的对立也随之消失之后;在劳动已经不仅仅是谋生的手段,而且本身成了生活的第一需要之后;在随着个人的全面发展,他们的生产力也增长起来,而集体财富的一切源泉都充分涌流之后,——只有在那个时候,才能完全超出资产阶级权利的狭隘眼界,社会才能在自己的旗帜上写上:各尽所能,按需分配!"⑤ 这一认识明确了人类社会在进入共产主义社会之后,会经历一个由共产主义初级社会向共产主义高级社会的演进过程。马克思的这种建立在唯物史观基

---

① 《马克思恩格斯选集》第二卷,人民出版社2012年版,第3页。
② 《马克思恩格斯选集》第一卷,人民出版社2012年版,第422页。
③ 《马克思恩格斯选集》第三卷,人民出版社2012年版,第364页。
④ 《马克思恩格斯选集》第三卷,人民出版社2012年版,第363页。
⑤ 《马克思恩格斯选集》第三卷,人民出版社2012年版,第364-365页。

础上的对社会发展阶段问题的认识，不仅为今天我们正确认识我国社会所处阶段提供了科学的方法论基础，而且为这一理论的形成和发展提供了科学的理论依据。正如恩格斯所说："我们对未来非资本主义社会区别于现代社会的特征的看法，是从历史事实和发展过程中得出的确切结论；不结合这些事实和过程去加以阐明，就没有任何理论价值和实际价值。"① 总起来说，马克思、恩格斯在社会发展阶段问题上所持有的观点是一致的。

2. 列宁有关社会发展阶段问题的理论阐述

列宁在《国家与革命》中将马克思所说的"共产主义社会的第一阶段"称为"社会主义"②，这是列宁对马克思的共产主义社会发展阶段问题认识的新发展：共产主义社会和社会主义社会同属于一种社会形态，但是两者的发展和发达程度不同。社会主义社会经过自身的发展和进步必然会进入下一个阶段，即共产主义社会。因此，针对当时俄国落后的实际国情，列宁在《共产主义运动中的"左派"幼稚病》中指出："我们在俄国（推翻资产阶级后的第三年）还刚处在从资本主义向社会主义即向共产主义低级阶段过渡的最初阶段。"③ 在此，列宁清楚地认识到了当时的俄国社会所处的发展阶段，并且认识到了这一阶段在俄国存在的长期性，即"阶级还存在，而且在任何地方，在无产阶级夺取政权之后都还要存在好多年。也许，在没有农民（但仍然有小业主！）的英国，这个时期可能会短一些"④。"我知道我们才开始进入向社会主义过渡的时期，我们还没有达到社会主义。"⑤ "我们正处在过渡时期中的过渡时期。"⑥ 列宁对当时俄国社会所处的发展阶段进行了符合实际的客观判断，不仅对贫困落后条件下的俄国建设社会主义产生了积极的影响，而且在此基础之上实行的新经济政策极大地促进了俄国经济社会的发展，除此之外还对经济文化条件同样十分落后的中国产生了很大的影响，为我们党科学判断我国社会所处发展阶段问题奠定了重要的理论基础。

---

① 《马克思恩格斯选集》第四卷，人民出版社2012年版，第582页。
② 《列宁选集》第三卷，人民出版社2012年版，第196页。
③ 《列宁选集》第四卷，人民出版社2012年版，第154页。
④ 《列宁选集》第四卷，人民出版社2012年版，第154页。
⑤ 《列宁选集》第三卷，人民出版社2012年版，第409页。
⑥ 《列宁选集》第四卷，人民出版社2012年版，第381页。

3. 我国社会主义初级阶段理论是对马克思主义社会形态理论的继承与发展

社会主义初级阶段理论是我们党在总结实践中的成功经验和失败教训的基础上、在改革开放实践中形成的科学理论，它既是对马克思主义社会形态理论的继承，又是在新的社会条件下对其进行的发展与创新。马克思和恩格斯认为，共产主义作为新的社会形态，应该建立在各方面发展水平已经非常发达的资本主义社会基础之上，并认为它在资本主义制度灭亡以后要至少经历三个相互联系但又相互区别的发展阶段，即"过渡阶段""共产主义第一阶段""共产主义高级阶段"，其中，共产主义第一阶段就是社会主义社会，它与共产主义高级阶段同属于一个社会形态。马克思、恩格斯科学地认识到了资本主义制度灭亡以后新的社会形态具有不同的发展阶段，但是至于社会主义这一社会形态是否应该继续进行划分，由于受历史条件的限制，他们没有给出详细的答案。列宁在领导俄国社会主义革命建设与实践过程中，提出了"初级形式的社会主义""完全的社会主义""发达的社会主义"等重要概念，并将"共产主义第一阶段"概括为"社会主义社会"。我国对社会主义发展阶段的认识经历了一个曲折的过程。1956年，"三大改造"完成以后，我国宣布基本上建成了社会主义制度，并提出推动社会主义工业现代化建设的发展目标。但是由于在社会主义建设问题上出现了片面性的认识，加之苏联社会主义建设的影响，我国在这一问题上出现了重大失误。直到十一届三中全会以后，我们党反思教训、升华经验，重新确立正确的思想路线，正确地认识到我国还处于社会主义初级阶段，即"我们的社会主义制度还处在初级阶段"[①]，继而逐步形成了社会主义初级阶段理论，解决了"什么是社会主义，怎样建设社会主义"的重大问题。这是对马克思主义社会形态理论的继承与新的发展。

（二）中国特色社会主义是初级阶段的社会主义

中国特色社会主义是我国在改革开放实践中将马列主义与中国实际有机结合的伟大创新，既具有我国之本土色彩，也坚持了科学社会主义基本原则，属于社会主义范畴，是人类社会发展最先进的社会形态。

1. 中国特色社会主义具有中国"特色"

中国特色社会主义具有中国"特色"，是处于初级阶段的社会主义，是不

[①] 《三中全会以来重大决策的形成和发展》，中央文献出版社1998年版，第396页。

发达的社会主义。一方面，社会主义初级阶段是中国的社会主义建设必然要经历的特殊发展阶段。改革开放初期，邓小平就对我国社会主义所处的发展阶段作出了科学的论断，他指出："社会主义本身是共产主义的初级阶段，而我们中国又处在社会主义的初级阶段，就是不发达的阶段。"① 我国的社会主义社会的建立有其特殊性，单从最基本的生产力水平这一点而言，就必然决定了我国是一个"不够格"②的社会主义。早在新中国成立初期，毛泽东就曾认识到："在我们这样一个大国里面，情况是复杂的，国民经济原来又很落后，要建成为社会主义社会，并不是轻而易举的事。"所以，"要建成为一个强大的高度社会主义工业化的国家，就需要有几十年的艰苦努力，比如说，要有五十年的时间，即本世纪的整个下半世纪"③。落后的国情条件决定了我国需要经历一个相当长的社会主义初级阶段，决定了在这个初级阶段中我们必须继续完成新民主主义社会还没有完成的任务。从这个意义上说，我国当下之社会主义是一种特殊的社会形态，是处于社会主义初级阶段的社会形态。另一方面，这种特殊的社会形态并不是指任何国家进入社会主义必须经历的社会形态，而是特指我国在生产力水平不高、商品经济不发达条件下建设社会主义必然要经历的特殊发展阶段。任何国家或者地区，由于经济、政治、文化、历史条件等不同，它们在自身的建设中形成不同的特点。马克思强调，即使拥有"相同的经济基础——按主要条件来说相同——可以由于无数不同的经验的情况，自然条件，种族关系，各种从外部发生作用的历史影响等等，而在现象上显示出无穷无尽的变异和色彩差异，这些变异和差异只有通过对这些经验上已存在的情况进行分析才可以理解"④。列宁也指出："由于开始向建立社会主义前进时所处的条件不同，这种过渡的具体条件和形式必然是而且应当是多种多样的。地方差别、经济结构的特点、生活方式、居民的素质、实现这种或那种计划的尝试，——所有这些都必定会在国家这个或那个劳动公社走向社会主义的途径的特点上反映出来。这种多样性愈是丰富（当然，不是标新立异），我们就能愈可靠愈迅速地达到民主集中制和实现社会主义经

---

① 《邓小平文选》第三卷，人民出版社 1993 年版，第 252 页。
② 《邓小平文选》第三卷，人民出版社 1993 年版，第 225 页。
③ 《毛泽东文集》第六卷，人民出版社 1999 年版，第 390 页。
④ 《马克思恩格斯文集》第七卷，人民出版社 2009 年版，第 894-895 页。

济。"① 改革开放初期，邓小平强调："不要离开现实和超越阶段采取一些'左'的办法，这样是搞不成社会主义的。"② 中国特色社会主义社会形态就是在充分结合我国实际情况的基础上形成的，是我国时代条件、文化传统、生产力发展水平等综合作用的结果，是马克思主义基本原理与中国实际国情相结合的伟大的智慧性创造。

2. 中国特色社会主义是社会主义而不是其他什么主义

早在 1956 年我国"三大改造"完成以后，具备典型公有制性质的社会主义基本制度就已经在我国得到了正式的确立。尽管在改革开放之后的实践之中，我国在经济、政治、文化等多个方面都进行了重大改革，但我们的改革是在坚持社会主义基本制度的基础上对经济、政治和文化等方面进行的改革。1981 年 6 月，党的十一届六中全会通过的《关于建国以来党的若干历史问题的决议》中指出："毫无疑问，我国已经建立了社会主义制度，进入了社会主义社会。"③ 尽管中国特色社会主义社会形态有自身的特殊性，但毋庸置疑的是，它仍然从属于社会主义社会形态，无论是从经济、政治还是从文化方面来看，社会主义仍然是其本质属性。

改革开放以来，我国逐渐建立与完善了我国的基本经济制度与分配制度，虽然这与马克思所设想的生产力高度发达、全国范围内实行全民所有的公有制和进行有计划的生产与分配不同，与苏联实行全民所有制、集体所有制的公有制形式和按劳分配的单一分配制度也有所差别，但这是在我国生产力不发达条件下建设社会主义的必然选择。我国在经济建设中，仍然始终坚持以生产资料公有制为基础，以通过不断解放生产力、发展生产力，最终实现共同富裕为发展目标。

中国特色社会主义政治形态，主要是指我国在中国共产党领导下，坚持和完善工人阶级领导的、以工农联盟为基础的人民民主专政；坚持和完善人民代表大会制度、共产党领导的多党合作和政治协商制度、民族区域自治制度、基层群众性自治制度等。虽然这与马克思所设想的社会主义和苏联在实践中实行的一党制、无产阶级专政不完全相同，但它们在基本原则上是基本

---

① 《列宁全集》第三十四卷，人民出版社 2017 年版，第 140 页。
② 《邓小平文选》第二卷，人民出版社 1994 年版，第 312 页。
③ 《三中全会以来重要文献选编》下册，人民出版社 1982 年版，第 838 页。

一致的。中国共产党是我国唯一的合法执政党,是我国社会主义现代化建设的最主要领导力量。中国特色社会主义政治形态是我国在坚持马克思主义关于社会主义政治形态基本原则的基础上结合中国当代国情的创新创造。

中国特色社会主义文化形态是中国特色社会主义经济形态和中国特色社会主义政治形态的反映,是在适应中国特色社会主义经济基础和政治基础上建立形成的,主要是指坚持"以马克思主义为指导,以培育有理想、有道德、有文化、有纪律的公民为目标,发展面向现代化、面向世界、面向未来的,民族的科学的大众的社会主义文化"①。虽然与马克思所设想的共产主义社会公民普遍具有高度的科学文化水平、思想觉悟和道德素质还有差距,但中国特色社会主义文化始终坚持以马克思主义为根本指导,以不断提高公民综合素质水平为发展目标,不断向马克思所设想的文化形态靠拢。

综上,中国特色社会主义道路坚持了科学社会主义基本原则,"中国特色社会主义是社会主义而不是其他什么主义"②,它顺应了历史发展的基本趋势,是马克思主义在今天中国的新发展。

(三)马克思跨越理论特殊规律的具体实践

马克思在晚年时期,将自己目光的焦点转向了东方社会,形成了自己的东方社会理论,即东方落后国家有可能不通过资本主义阶段而过渡到社会主义阶段。而跨越资本主义的"卡夫丁峡谷"的设想则是这一东方社会理论的核心点。中国特色社会主义理论认识与道路实践充分遵循了这一特殊规律。

1. 马克思关于"卡夫丁峡谷"的理论表述

马克思的跨越理论的相关表述主要集中于1877年给俄国《祖国纪事》杂志的信中、1881年给查苏利奇的复信草稿中以及《共产党宣言》1882年的俄文版序言中。

在1877年给《祖国纪事》杂志编辑部的信中,对于当时俄国能否不经历资本主义制度的问题,马克思指出:"如果俄国继续走它在1861年所开始走的道路,那它将会失去当时历史所能提供给一个民族的最好的机会,而遭受资本主义制度所带来的一切灾难性的波折。"③ 从这里的表述中,我们可以看

---

① 《江泽民文选》第二卷,人民出版社2006年版,第17—18页。
② 《十八大以来重要文献选编》上册,中央文献出版社2014年版,第109页。
③ 《马克思恩格斯全集》第二十五卷,人民出版社2001年版,第143页。

到马克思思考并回答了俄国向何处去的问题，他认为俄国依托土地公有的农村公社，可以不通过资本主义制度而走向社会主义制度，这是马克思跨越"卡夫丁峡谷"理论的初步萌芽。在1881年马克思给查苏利奇复信的草稿中，针对查苏利奇关于"历史必然性"与俄国何去何从之问，马克思认为"'历史必然性'限制在西欧各国的范围内"①，并指出"和控制着世界市场的西方生产同时存在，就使俄国可以不通过资本主义制度的卡夫丁峡谷，而把资本主义制度所创造的一切积极的成果用到公社中来"②。在这些表述中，马克思不仅反复提到俄国农村土地公社的存在，而且反复强调了公社所处的特定历史环境，即世界市场形成，资本主义现代化生产可以影响到俄国，为俄国的发展提供科学技术、生产资金以及管理经验等物质支持。在1882年《共产党宣言》俄文版序言中，对于之前已经作出回答的俄国公社两种命运趋势的问题，马克思又答复说："假如俄国革命将成为西方无产阶级革命的信号而双方互相补充的话，那么现今的俄国土地公有制便能成为共产主义发展的起点。"③ 而在这里，对于俄国"跨越"能否实现，马克思新添加了这样的一个条件，即俄国革命与西欧资本主义国家的无产阶级革命是相辅相成的，是相互补充的。以上文献展示了马克思关于跨越"卡夫丁峡谷"理论的一个纵向的发展历程。综合分析马克思这几篇文献中的系列观点，我们可以得出马克思关于俄国跨越"卡夫丁峡谷"的核心观点，即19世纪晚期的俄国农村公社具有二重性，即私有因素和公有因素并存，那么其最终的结果可能是前者胜利后者失败，或者前者失败后者胜利。而在历史惯性的思维逻辑中，私有因素将战胜公有因素，导致俄国农村公社瓦解。这种发展是历史发展的常规形式，但是，如马克思所说的"极为相似的事变发生在不同的历史环境中就引起了完全不同的结果"④，俄国当时处于世界市场的大背景下，与资本主义现代化的生产是并存的，这样的一种特殊条件不仅可以避免像西欧国家一样走向资本主义制度的"历史必然性"，而且，其可以吸收资本主义的文明成果，为俄国的共同合作劳动提供一个较高的物质基础条件，从而跨越资本主义"卡夫丁峡谷"。

综合整理马克思关于"卡夫丁峡谷"的相关表述，我们可以看到，马克

---

① 《马克思恩格斯选集》第三卷，人民出版社2012年版，第820页。
② 《马克思恩格斯选集》第三卷，人民出版社2012年版，第825页。
③ 《马克思恩格斯选集》第一卷，人民出版社2012年版，第379页。
④ 《马克思恩格斯选集》第三卷，人民出版社2012年版，第730页。

思主义强调,经济落后国家是可以不通过资本主义社会的发展阶段,不必经历资本主义私有制带给人民的危机与苦难,但同时又可以吸收资本主义的先进文明成果而直接过渡到社会主义社会的,即跨越资本主义的"卡夫丁峡谷"。但是,根据唯物史观的两大基本规律,我们需要认识到,马克思的跨越理论蕴含着可跨越性与不可跨越性两个方面:其一,在一定条件下或者具体的历史环境中,经济落后国家可以实现对资本主义制度的跨越,这是"可跨越性";其二,即使拥有特定的历史环境,生产力作为社会发展的基点,是无法忽视和跨越的,这是"不可跨越性"。因此,跨越"卡夫丁峡谷"不仅意味着跨越资本主义阶段,跨越资本主义的"波折",即资本主义制度对人民的剥削以及资本主义基本矛盾所带来的经济危机与苦难,而且意味着那些不通过资本主义制度而直接建立起社会主义制度的国家,在遵循已经建立起的社会主义制度的基础上,依然需要吸收利用已有的资本主义先进文明成果,大力发展社会生产力。生产力的发展与解放是任何一个想实现长足发展的国家在任何时候都不能放弃的最基本的原则,是证明其社会主义制度具有显著性优势的关键指标。

2. 中国特色社会主义实践是遵循跨越"卡夫丁峡谷"规律的具体体现

各个国家基于自身的不同国情以及不同的历史环境选择适合自身的发展道路,这是人类社会发展进程中的多样性与特殊性统一规律的集中体现。中国作为世界民族之林的一员,同世界上的其他国家一样,是马克思所说的"世界历史"的一环,因此,中国的发展中内含着人类社会发展的一般规律,与此同时,也有着不同于其他国家的特殊国情和特定的历史条件,这也决定了中国的发展道路必然呈现出自身的特殊性,带有鲜明的中国特色。中国特色社会主义实践是对经济落后国家跨越"卡夫丁峡谷"这一特殊规律的具体体现,是马克思跨越"卡夫丁峡谷"设想的实践验证。

第一,中国在新民主主义革命和社会主义革命期间,跨越了资本主义社会,从半殖民地半封建的社会经过新民主主义革命过渡到了社会主义社会。这种生产力的发展和社会形态的跳跃,是中国特色革命道路对于马克思跨越"卡夫丁峡谷"理论特殊规律的具体体现。自1840年到1919年,旧民主主义革命未能实现民族独立与人民解放,中国人民仍然生活于水深火热之中。近代中国遭遇着前所未有的历史难题。面对此种困境,积贫积弱且农民占人口大多数的中国到底应该选择一条什么样的道路才能摆脱困境重新屹立？对此，我们党立足实际，把马列主义与中国革命实践进行结合，走出了一条新民主主义革命道路。1938年11月，毛泽东明确指出："共产党的任务，基本地不是经过长期合法斗争以进入起义和战争，也不是先占城市后取乡村，而是走相反的道路。"① 此后，我们经过浴血奋战取得了新民主主义革命的胜利。之后，我们党开始了社会主义革命的征程。1953年12月，毛泽东完整表述了过渡时期的总路线，其主要内容为"一化""三改"，制定了"第一个五年计划"，从而集中力量进行工业化建设，同时在各经济领域进行了社会主义改造，支持和保证国家工业化建设。到1956年，"三大改造"的完成标志着社会主义基本制度的确立，这无疑为中国特色社会主义道路的开创奠定了至关重要的制度基础，提供了不可或缺的政治前提。

第二，在中国特色的社会主义建设道路探索过程中，即社会主义革命结束之后到改革开放之前的社会主义建设初步探索时期，我们积极调动一切积极因素为社会主义事业服务，从多方面打破阻碍生产力发展的桎梏，达到了发展生产力与巩固社会主义制度的双重效果，这是对马克思跨越"卡夫丁峡谷"理论特殊规律的又一具体实践。1956年，随着苏共二十大的召开和波匈事件的发生，毛泽东随即指出"过去我们就是鉴于他们的经验教训，少走了一些弯路，现在当然更要引以为戒"②。他明确指出我们要"以苏为鉴"，通过自身的不断努力走出一条属于自己的大道。同时，我们也要"学习资本主义国家的先进的科学技术和企业管理方法中合乎科学的方面"③，"大量吸收外国的进步文化，作为自己文化食粮的原料"④。在《论十大关系》和《关于正确处理人民内部矛盾的问题》中，我们看到我们党对当时怎样建设社会主义有了自己的新的认识，初步积累了社会主义建设的经验。毛泽东指出，"我们一定要努力把党内党外、国内国外的一切积极的因素，直接的、间接的积极因素"⑤ 都充分激活起来助推我国建设。我们通过正确处理十对基本关系，充分调动了各个方面的积极因素，实现了社会主义的巩固与发展。其中，处理好

---

① 《毛泽东选集》第二卷，人民出版社1991年版，第542页。
② 《毛泽东文集》第七卷，人民出版社1999年版，第23页。
③ 《毛泽东文集》第七卷，人民出版社1999年版，第43页。
④ 《毛泽东选集》第二卷，人民出版社1991年版，第706页。
⑤ 《毛泽东文集》第七卷，人民出版社1999年版，第44页。

重工业和轻工业、农业的关系对于我们走好我国的工业化道路,推动经济发展尤为重要。在实践探索中,毛泽东陆续提出了"两条腿走路"的社会主义建设方针和以农业为基础、以工业为主导的国民经济总方针,这无疑为后来中国特色社会主义道路的开辟提供了极为宝贵的实践经验和坚实的物质基础。

第三,在改革开放之后的中国特色社会主义道路实践进程中,一代又一代的共产党人在继承以往道路实践所取得的成就的基础上,始终坚持党在社会主义初级阶段的基本路线,更加注重与时俱进,注重社会的协调发展,积极推动各方面改革,激发内在活力,这是跨越"卡夫丁峡谷"理论特殊规律中关于借鉴吸收人类社会一切优秀文明成果的具体体现。十一届三中全会后,邓小平提出了"走出一条中国式现代化道路""走自己的道路,建设有中国特色的社会主义""建设有中国特色的社会主义的道路"等思想,这些思想的提出开启了当时我国道路探索的新征程。改革开放论、商品经济论、社会主义本质论、社会主义初级阶段论等共同构成了指导中国特色社会主义道路实践的基本理论内容。新时期最鲜明的特点是改革开放,邓小平指出"改革是中国的第二次革命"[①]"要发展生产力,经济体制改革是必由之路"[②],要通过改革经济政治体制突破桎梏,实现发展。同时,邓小平也明确指出,"对外开放具有重要意义,任何一个国家要发展,孤立起来,闭关自守是不可能的,不加强国际交往,不引进发达国家的先进经验、先进科学技术和资金,是不可能的"[③]。在坚持社会主义基本制度的前提下,我们通过经济、教育、文化等多个领域的开放,充分汲取世界文明成果,为实现发展提供了重要动力。面对"中国这样的经济文化比较落后的国家如何建设社会主义、如何巩固和发展社会主义"[④]这一历史性课题,我们创造了社会主义市场经济体制,实现了社会主义与市场经济的有机结合,使得我国能够在社会主义条件下有原则地利用市场,激活经济,发展生产力。世纪之交,围绕"实现什么样的发展,怎样发展"这一重大问题,我们提出了以人为本的科学发展观,深化了对中国特色社会主义实践的认识。

新时代,中国特色社会主义道路既不是封闭僵化的老路,也不是改旗易

[①] 《邓小平文选》第三卷,人民出版社1993年版,第113页。
[②] 《邓小平文选》第三卷,人民出版社1993年版,第138页。
[③] 《邓小平文选》第三卷,人民出版社1993年版,第117页。
[④] 《中国共产党第十四次全国代表大会文件汇编》,人民出版社1992年版,第12页。

帜的邪路。我们走出了一条既能吸收人类社会现代文明成果又能避免西化的中国式现代化新路。我们发展新质生产力,推动高质量发展,逐步探索数字时代的公有制实现形式;我们创造了人类贫困人口脱贫的奇迹,作出了世界上最大的发展中国家迈向现代化的惊世创举;我们提出了全过程人民民主,大力推进社会主义先进文化,保障改善民生,建设美丽中国,更好地保障了人民的获得感和幸福感。新时代的一切成就表明,中国特色社会主义的实践探索不仅验证了马克思跨越"卡夫丁峡谷"理论的当代价值,证明了中国特色社会主义在社会主义制度中实现了跨越式发展,更在今天数字文明时代为人类社会的现代化发展提供了新范式。

第三章

独特的基本国情与中国道路的选择

一、社会主义初级阶段基本国情

二、基本国情是中国道路选择的根本依据

三、新时代新阶段我们党对国情认识的新高度

在今天的中国，独特的基本国情是指社会主义初级阶段的基本国情。我国社会处于社会主义的初级阶段，是我们党在 20 世纪 80 年代所提出的重要论断。它的提出明确了我国社会的历史方位和社会主义建设的基本国情，对于建设中国特色社会主义具有极为重大的历史和现实意义。2012 年，党的十八大首次将社会主义初级阶段定位于"总依据"，指出"建设中国特色社会主义，总依据是社会主义初级阶段"①，2017 年，党的十九大再一次强调"我国仍处于并将长期处于社会主义初级阶段的基本国情没有变"②。2022 年，党的二十大报告中指出："我国是一个发展中大国，仍处于社会主义初级阶段，正在经历广泛而深刻的社会变革，推进改革发展、调整利益关系往往牵一发而动全身。"③ 社会主义初级阶段的基本国情是改革开放以来中国道路实践的现实基础，今天的中国道路是当代中国基于基本国情条件下的必然选择。

一、社会主义初级阶段基本国情

社会主义初级阶段是现阶段我国最大的国情和实际。它规定了我国的国家性质，表明了我国社会的发展程度，揭示了现阶段中国社会的国情特点。这一基本国情是中国特色社会主义道路生成的逻辑起点，也是这条道路开辟的根本依据，同时是这条道路发展的基本前提。

（一）什么是社会主义初级阶段基本国情

何为国情？简单地说是指一个国家的社会经济科技发展状况、文化历史传统、自然地理环境和国际关系等诸多方面的总和，也是某一国家某一时期的基本情况④，其以经济、政治、文化、社会、民族等方面的发展特点和水平为主要表现形式。国情与道路之间具有紧密的逻辑联系：一方面，国情是影响道路选择的重要因素，国情不同决定了各自道路选择的差异；另一方面，只有适合国情的道路才能永葆活力，实现国家的长久发展。

阶段，是人们把某一事物从开始到逐步发展的整个过程，按照一定标准所划分出来的一个个区间，这些区间具有连续性、过程性的特点。因此，社

---

① 《胡锦涛文选》第三卷，人民出版社 2016 年版，第 622 页。
② 《习近平著作选读》第二卷，人民出版社 2023 年版，第 10 页。
③ 《习近平著作选读》第一卷，人民出版社 2023 年版，第 17 页。
④ 马程程、张森林：《后列宁时期苏联对基本国情的误判》，《外国问题研究》2014 年第 1 期。

会发展阶段则是把整个人类社会从形成到逐步发展的过程，也可以称为从低级到高级发展的一个过程，按照一定标准所划分出来的一个个区间。在社会发展阶段理论上，马克思、恩格斯、列宁都曾发表了自己的观点，他们都认为，生产力与生产关系、经济基础与上层建筑是影响人类社会发展的决定性因素。由于这个决定性因素在每一个发展阶段样态不同，因此，人类社会一般而言会经历这样一个从低级至高级、从不成熟到成熟的渐进的发展过程，即从原始社会到奴隶社会、从奴隶社会到封建社会、从封建社会到资本主义社会、从资本主义社会最终到达共产主义社会。同时，我们也需注意到，共产主义社会的内部也有一个从低到高、逐步上升的过程，而我国正处于社会主义社会的初级阶段，也就是马克思所说的共产主义社会第一阶段的初级阶段。既然社会主义社会是共产主义社会的第一阶段，这也就意味着两者之间既有共同处亦有区别点，而两者最主要的区别点就是经济发展水平和社会成熟程度的不同。1987年，党的十三大报告中第一次明确阐释了这一概念的基本内涵，明确指明了其本身所蕴含的两重含义：第一，"我国社会已经是社会主义社会"；第二，"我国的社会主义社会还处在初级阶段"。与此同时，还进一步明确了我国的社会主义初级阶段"是特指我国在生产力落后、商品经济不发达条件下建设社会主义必然要经历的特定阶段"①。也就是说世界上的所有国家，在迈入社会主义社会的过程中由于各国的国情不同不一定必须经历社会主义初级阶段这一社会发展阶段。上述三方面的相关阐释就构成了我国社会主义初级阶段的基本内容。其一，第一层含义即"我国社会已经是社会主义社会"，这是对于我们的国家、我们的社会制度的性质作出了一个总的定性。不论是从我国的指导思想与领导核心来看，还是从我国的国体与政体，抑或是我国的基本的政治制度、基本的经济制度、基本的分配制度等方面来看，我国无疑是社会主义国家。其二，第二层含义即"我国的社会主义社会还处在初级阶段"，这是对于中国社会处于何种发展水平、达到何种成熟度作出了基本的判断。从我国的实际情况来看，改革开放初期，我国在经济的发展水平上与西方发达国家还有一定的差距，在各项制度上也需要进一步完善，基于此，这一时期我国的社会主义社会毫无疑问是处在初级阶段的。其三，

---

① 《十三大以来重要文献选编》上册，人民出版社1991年版，第12页。

社会主义初级阶段,并不是说只要是一个社会主义国家,就必然经历这一阶段,而是有其特定的指定对象的,即生产力水平不高的国家。它所特指的是我国在经济文化落后条件下建设社会主义所必然和必须去经历的历史阶段。

列宁依据现实的实践对社会主义革命作出过科学的总结,他指出:"在东方那些人口无比众多、社会情况无比复杂的国家里,今后的革命无疑会比俄国革命带有更多的特殊性。"① 而且"方式愈多愈好,方式愈多,共同的经验就愈加丰富,社会主义的胜利就愈加可靠、愈加迅速"②。正如列宁指出的社会主义革命要因时因势而异一样,社会主义建设亦如此。不同的文化传统、发展水平必然会衍生出不同的社会发展方式和社会主义建设的方式。历史已经证明,没有一成不变的发展模式,因为在变化的历史环境中,不同的国家在发展的过程当中会呈现出不同的特点和各异的样态。而社会主义初级阶段就是依据我国的实际特点所创造出来的,它不是一个泛泛而谈的固定模式,而是特指在我国经济文化落后条件下建设社会主义所必经的历史阶段,同时是我们在从不成熟走向成熟、从初级走向高级的漫长的社会主义建设过程中所无法跨越的、必须经历的特定阶段。

(二)初级阶段基本国情是中国特色社会主义道路生成的逻辑起点

今天的中国特色社会主义道路是改革开放以来中国共产党领导全国人民对社会主义建设道路的实践探索。它源于近代以来中国革命、建设和改革艰苦卓绝的奋斗历程,而社会主义初级阶段的基本国情则是今天中国特色社会主义道路实践探索的现实依据和逻辑起点。

我们党关于中国革命道路的选择源于对中国国情和革命的清醒认识。近代以来,我国由一个君主专制的封建社会沦为遭受帝国主义侵略的半殖民地半封建社会。正是基于对当时我国半殖民地半封建社会基本国情的认识,我们认识到中华民族和帝国主义的矛盾、人民大众和封建主义的矛盾是当时我国社会最主要矛盾,进而科学地认识到了我国基本国情和主要矛盾决定了我们革命的主要任务,即实现民族独立和人民解放。立足我国的基本国情和社会的主要矛盾,党和人民通过不懈探索,最终选择了中国特色的革命道路,即新民主主义革命道路,从而开启了寻求民族独立和人民解放的伟大征程。

---

① 《列宁选集》第四卷,人民出版社 2012 年版,第 778 页。
② 《列宁选集》第三卷,人民出版社 2012 年版,第 383 页。

从井冈山时期农村包围城市的革命道路理论的初步形成到陕北时期农村包围城市理论的进一步丰富发展，再到1938年党的六届六中全会上提出的"共产党的任务，基本地不是经过长期合法斗争以进入起义和战争，也不是先占城市后取乡村，而是走相反的道路"①，在党的领导下，我们逐渐走上了一条不同于俄国先占领城市后夺取乡村的革命道路，而是充分发动占中国人口绝大多数的农民走上了一条农村包围城市、武装夺取政权的道路，最终取得了新民主主义革命的胜利，使遭受了几千年剥削的劳苦民众实现了当家作主，开创了中华民族历史的新纪元。这一系列的实践证明，正是因为我们将国情作为"认清一切革命问题的基本的根据"②，进而正确认识了中国革命的基本任务、主要对象、根本性质等问题，我们党才找到了这条能够带领广大人民从水深火热中解脱出来、实现民族独立和人民解放的革命道路。

我们党关于中国建设道路的选择源于对中国国情和建设的清醒认识。新中国成立后，面对着十分落后的经济形势和一穷二白的国家状况，毛泽东同志也认识到了这一时期我国国情状况的复杂性，强调"要建成社会主义社会，并不是轻而易举的事"③。新中国成立初期的基本国情决定了当时中国必须走具有中国特色的社会主义建设道路。在新中国成立的前三年，我国继续推行土地改革，到1953年基本完成了民主革命的遗留任务。但是刚刚从战争中解放出来的新中国，可以说是"一无所有""一穷二白"，毛泽东同志指出当时的中国"一辆汽车、一架飞机、一辆坦克、一辆拖拉机都不能造"④。面对我国工业发展极其落后的情况，在立足基本国情的基础上，以毛泽东为代表的党中央提出我国的第一个"五年计划"，通过对我国的农业、手工业、资本主义工商业的社会主义改造和大力发展重工业，有效地实现了社会主义改造与社会主义建设的有机结合，使得成立还不到十年的新中国，以和平的方式顺利完成了社会主义革命，建立了社会主义的基本制度；又逐步改变我国工业极其落后的状况，建立起了比较完整的工业体系和国民经济体系，从而为改革开放以后中国道路的开创提供了政治前提和物质基础。从各项事业百废待兴、各项建设举步维艰到第一个五年计划的顺利完成，再到"以苏为鉴"走

---

① 《毛泽东选集》第二卷，人民出版社1991年版，第542页。
② 《毛泽东选集》第二卷，人民出版社1991年版，第633页。
③ 《毛泽东文集》第六卷，人民出版社1999年版，第390页。
④ 《毛泽东文集》第六卷，人民出版社1999年版，第329页。

自己的路，依靠自身的力量逐步去探索适合我国情况、具有我国特色的社会主义建设之路，以毛泽东同志为代表的中国共产党人，坚持立足实际、集中力量，为我国的工业化发展创造了十分有利的前提条件。当然，在独立探索的过程中，我们党也曾脱离实际、做出误判、陷入曲折，但是，自改革开放以来，我们党回归正轨、立足国情、继续探索，铸就了中国特色社会主义道路实践四十多年的巨大辉煌。

我们党关于中国改革道路的选择源于对中国国情和改革的清醒认识。十一届三中全会之后，以邓小平同志为核心的党中央开始拨乱反正，总结有益经验与失败教训，并认识到我国仍处于并将长期处于社会主义初级阶段是客观事实和国情实际，并以此为现实依据和逻辑起点，指出"改革是中国的第二次革命"[1]，现阶段的中国要实现富起来的发展目标。党中央以前所未有的决心与力度积极推进我国的经济、政治以及其他方面的体制机制改革，破除了束缚我国生产力发展的桎梏，解放发展生产力，逐步实现了我们从站起来到富起来的历史性转变。改革只有进行时，没有完成时，党的十八大以来，改革得到进一步的深化，以习近平同志为核心的党中央继续立足于我国的基本国情，提出了"全面深化改革"的概念，指出我国全面深化改革的总目标是"完善和发展中国特色社会主义制度，推进国家治理体系和治理能力现代化"[2]，这就鲜明地指出了当下我国改革的根本方向与实现路径。在"全面深化改革"战略布局的规定与指导之下，党带领人民积极推进我国社会各领域和全方位的改革，如"使市场在资源配置中起决定性作用和更好发挥政府作用深化经济体制改革"[3]，"坚持党的领导、人民当家作主、依法治国有机统一深化政治体制改革"[4]，"建设社会主义核心价值体系、社会主义文化强国深化文化体制改革"[5] 等等。同时，基于我国改革环境的复杂性和改革任务的艰巨性，我们党在领导人民改革的过程中始终坚持把改革的力度、发展的速度、社会的可承受度有机统一起来，始终坚持在社会大体稳定的前提下以改革促进发展，以发展推进改革。改革既是促进社会发展的强大引擎，也是国家民

---

[1] 《邓小平文选》第三卷，人民出版社1993年版，第113页。
[2] 《十八大以来重要文献选编》上册，中央文献出版社2014年版，第512页。
[3] 《十八大以来重要文献选编》中册，中央文献出版社2016年版，第835页。
[4] 《十八大以来重要文献选编》上册，中央文献出版社2014年版，第512页。
[5] 《十八大以来重要文献选编》上册，中央文献出版社2014年版，第512-513页。

族的生存发展之道。中国的发展之路事实上就是一条牢牢立足我国基本国情的中国特色的改革之路。

溯及历史，我们党之所以能够领导人民解决新民主主义革命对象问题、性质问题、任务问题、前途问题等关键性问题，取得最终的胜利，究其根本，就在于我们党于实践之中已经形成了对于近代以来中国半殖民地半封建社会国情的充分认识与深刻把握；新中国成立后，中国共产党在探索建设社会主义实践中取得了历史性成就，主要原因在于正确认识和把握了国情；中国共产党在社会主义现代化进程中出现的失误和挫折也主要是由于对国情的把握不足。历史已经证明，中国道路的孕育、形成、发展于我们党带领人民所进行的革命实践之中、建设实践之中和改革实践之中，它不仅仅具有深厚的中华民族传统文化底蕴，反映了近代以来中国人民对国泰民安、国富民强的现实诉求，同时，也具有里程碑式的重大意义，象征着我们国家从弱小到强大的历史性飞跃。在当代中国，中国特色社会主义道路就是今天的中国道路，它是一条全面协调可持续的社会主义国家走向现代化国家的发展道路，以中国共产党的领导为基本前提，以社会主义初级阶段基本国情为现实依据，以"一个中心，两个基本点"为核心，以"五位一体"为总体布局，以富强民主文明和谐美丽的社会主义现代化强国为奋斗目标，全面揭示了今天中国在初级阶段基本国情条件下要走什么道路、如何走这条道路以及最终指向什么样的发展目标等一系列问题。

（三）初级阶段基本国情是中国特色社会主义道路开辟的根本依据

当下，我们走中国道路的总依据就是我国的基本国情，即社会主义初级阶段。究其原因，主要有三：第一，体现了质的规定性，即我国的社会性质是社会主义而不是其他性质；第二，揭示了量的程度性，即我国社会的发展是处在初级的水平而非处于其他先进发达的发展时期；第三，彰显了个体的独特性，即"特指我国在生产力落后、商品经济不发达的条件下建设社会主义必然要经历的特定阶段"[①]，而并不是世界上所有国家在迈入社会主义的过程中都要去经历的历史过程。

社会主义初级阶段的基本国情具有质的规定性，它表明了我国的社会性

---

① 《十三大以来重要文献选编》上册，人民出版社1991年版，第12页。

质是社会主义而不是其他性质。"社会主义初级阶段"这句话中的前四个字"社会主义"向我们明确了今天中国社会发展阶段的大前提是社会主义，即"初级阶段"是社会主义性质下的初级阶段，而不是其他社会性质下的初级阶段。生产资料所有制决定了社会性质。当下，我国的所有制方式是生产资料公有制，而不是生产资料私有制，这就从生产关系的层面决定我国的社会性质是社会主义而不是资本主义。1997年党的十五大第一次明确提出了"公有制为主体，多种所有制经济共同发展，是我国社会主义初级阶段的一项基本经济制度"①。这就正式表明我国的所有制结构是公有制，从而表明我国是一个社会主义性质的国家。那么，什么是"社会主义"？对于这一问题，列宁曾指出"我们现在还无法论述社会主义"②，"要论述一下社会主义，我们还办不到；达到完备形式的社会主义会是个什么样子，——这我们不知道，也无法说"③。在遵循马克思主义基本原理的基础上，通过实践上的不断探索，邓小平同志从社会主义的本质入手，明确指出"社会主义的本质，是解放生产力，发展生产力，消灭剥削，消除两极分化，最终达到共同富裕。"④ 这一科学判断既指明了我们在初级阶段的实践路径是解放发展生产力，这是我们的主要手段和方法。而我们的最终目标是消灭剥削、消灭两极分化最终达到共同富裕，正如邓小平同志所讲的"社会主义的目的就是要全国人民共同富裕，不是两极分化"⑤。

社会主义初级阶段的基本国情具有量的程度性，它表明了我国社会的发展水平是初级水平而不是高级水平。我们讲基本国情具有量的程度性主要是从发展阶段即"初级阶段"来说明的。"初级阶段"意味着在当今的中国，我国的生产力水平、国防科技、文化教育等方面的发达程度还有进一步提升的空间。同时，我们也必须清醒地认识到，我国的社会主义本身就处于共产主义初级阶段的初级阶段，这就必然决定我国的生产力水平与经历两次工业革命而腾飞的资本主义发达国家在某些方面有着一定的差距，与马克思所设想的生产力高度发达的共产主义社会则存在着更大差距。而生产力水平的差距

---

① 《江泽民文选》第二卷，人民出版社2006年版，第19页。
② 《列宁全集》第三十四卷，人民出版社2017年版，第61页。
③ 《列宁全集》第三十四卷，人民出版社2017年版，第60页。
④ 《邓小平文选》第三卷，人民出版社1993年版，第373页。
⑤ 《邓小平文选》第三卷，人民出版社1993年版，第110-111页。

必然也会导致我国在人口结构层次、就业结构层次、科技教育文化水平等其他方面的差距。今天，我国依然存在着城乡区域发展的不平衡、民主法治建设有待加强、科技自主创新能力有待提升等一系列困扰我国进一步发展的瓶颈和难题。但总起来说，经过改革开放四十多年的建设，我国社会的总体发展水平有了很大的提升这一点是不容置疑的，同时，仍处于并将长期处于社会主义阶段的基本国情也时刻提醒着我们，资本主义国家所创造的生产力要比过去一切时代创造的全部生产力还要多还要大，而今天的中国去追赶的过程也必定是道阻且长的。

社会主义初级阶段的基本国情具有个体的独特性。众所周知，我国是从一个半殖民地半封建社会经过短暂的新民主主义社会直接过渡到社会主义社会的，同时，我国又是一个经济较为落后的农业大国，这就决定了我们进入社会主义社会以后的各方面基础是不深厚的，尤其是工业基础。这也就必然决定了我们在建立了社会主义基本制度、迈入了社会主义国家的行列后，还需要经过若干阶段的逐步发展来达到高水平的社会主义。而当下我国的初级阶段就是这若干个阶段中的第一阶段。目前，社会主义初级阶段涵盖这样几层含义：第一，因为我国已经进入了社会主义社会，所以我们必须坚持而不能背离社会主义。对于这一点，"三大改造"的顺利完成、社会主义基本制度的正式确立以及在建设社会主义的过程中所发生的历史性变革和历史性成就已经向我们作出了最有力的证明。第二，因为我国还处在不发达阶段，所以我们必须正视而不能超越初级阶段。也就是说我国虽然已经建立了社会主义，但是还亟待完善。发展不可能一蹴而就，经过几十年发展的社会主义中国，所实现的发展是不平衡不充分的。从衡量国家发展水平最根本最基础的指标——社会生产力来看，当今中国在不同地区、不同领域的生产力水平和布局还不均衡，发展水平与发达国家相比仍然差距较大。第三，我国历史上经历了几千年自给自足的自然经济，商品经济发展起步相对较晚，尽管伴随着帝国主义的侵略促使了我国封建自然经济逐步走向瓦解，但是直到新中国成立初期，我国在经济基础方面依然十分薄弱。因此，社会主义的初级阶段不是世界上所有国家迈入社会主义社会的过程中都必须经历的阶段，而是在我国特殊条件下所必须经历的一个逐步的发展过程和特定阶段。

改革开放以来，中国共产党历经了"走什么样的路"的艰难抉择，肩负着国家富强、人民富裕的历史任务，以新的视角重新认识、深刻把握初级阶段的基本国情，开辟了建设有中国特色的社会主义的理论，使中国道路的探索实现了凤凰涅槃式的重生，中国特色社会主义道路应运而生。社会主义初级阶段的基本内涵，不仅规定了我国社会的社会性质，而且进一步科学论断出了我国社会当下及其未来很长一段时期内的发展水平与成熟程度。立足基本国情，顺应时代潮流，是我们能够走上并走好今天的中国道路的关键原因。目前，我们既需要认识到在坚持中国特色社会主义道路上已经取得了瞩目的成就，同时，也需要清醒地认识到我国仍处于并将长期处于社会主义初级阶段这一基本国情必然决定我们未来道路的前进必然不会是一帆风顺、畅通无阻的。因此，任何时候的发展都不能脱离基本国情这一最大的实际，必须以此为逻辑起点、现实依据、根本依托，才能实现我们最终的目标。

（四）初级阶段基本国情是中国特色社会主义道路发展的基本前提

只有立足于国情基础上的道路才是科学正确的，中国道路也只有适应初级阶段的基本国情才能实现长久发展。

社会主义初级阶段的基本国情决定了今天的中国道路必须以改革创新为首要抓手，从而实现我国生产力在质与量上的双重飞跃。我国的基本国情，既从性质层面决定了我们走中国道路必须坚守社会主义方向不动摇；同时，亦从发展程度上界定了我国所处的历史时期是社会主义的"初级阶段"，而这就决定了我们走中国道路还必须大力解放生产力发展生产力。对于我国而言，实行改革开放是我国现实社会中前所未有的大发展的一个重要转折点。十一届三中全会之后，我国开始推行了适合我国国情的多方面、大力度的改革，历经了激发人们生产积极性的家庭联产承包责任制的推行、激活社会经济活力的有计划的商品经济的提出、社会主义市场经济体制改革目标的提出与不断完善、分税制度金融体制的改革与优化、现代企业制度的建立和完善、非公有制经济在社会主义市场经济中重要地位的明确，以及新世纪以来"东北振兴、中部崛起、西部开发"战略的提出、资本市场"国九条"的颁布、国有商业银行的股份制改革等等，这一系列在符合国情特性基础上进行的创新创造、具有中国特色的改革措施使得我们与时俱进地革新了生产关系，打破了束缚生产力发展的桎梏，解放和发展了社会生产力，实现了经济社会的快速发展与全面进步。从"一穷二白"到世界第二大经济体，从信息科技大幅度依赖其他国家到5G技术的率先发展,从粮食产量不足到杂交水稻的发明与不断优化……这些举世瞩目的巨大成就有力地证明了,我们党在关乎国家命运的关键时刻所进行的改革是符合国情实际的重大创新举措。从改革开放和"以经济建设为中心"重要决策的提出到正式迈入中国特色社会主义新时代,改革开放以来的奋斗史就是一段不断改革不断创新的历史,中国特色社会主义道路就是一条牢牢立足基本国情不断改革不断创新的发展之路,"改革创新"这四个大字犹如一条红线贯穿于我们党领导全国人民建设社会主义市场经济、民主政治、先进文化、和谐社会、生态文明以及党的建设的全过程之中。早在几十年前邓小平同志就曾指出"贫穷不是社会主义"[①]。发展生产力,是我国改变经济文化相对落后面貌的必然要求,同时,生产力的大解放大发展是对社会主义制度优越性的充分彰显。历史与现实的多方面原因,让中国跨越了资本主义的"卡夫丁峡谷"进而成功地走上了社会主义的道路,但是生产力实现大发展的过程是不可跨越的。当下的中国,唯有以改革创新助推生产力水平的提高,才能充分激发出社会主义的无限生机与活力,才能在与资本主义国家比较的过程中,体现出社会主义制度的巨大优势,才能让人民自觉地选择社会主义道路、坚定地走好社会主义道路。生产力决定生产关系,生产关系亦反作用于生产力。这种相互作用,意味着我们必须改革创新、大力发展生产力,必须始终坚持以经济建设为中心,同时,也要积极推进各方面体制机制的改革,破除阻碍生产力发展的各种弊端,最大化地促进生产力的大解放大发展。当今世界,中国高高举起了中国特色社会主义道路的伟大旗帜,但是,要想这面旗帜能够经得住国际潮流的猛烈冲击,我们还需要遵循好初级阶段的基本国情,坚定马克思主义中国化理论的指导,如此方能拥有举起这面旗帜的坚定自信与强大底气。

社会主义初级阶段的基本国情决定了今天的中国道路以"五位一体"为总布局实现科学协调可持续发展。社会主义初级阶段的基本国情不只是决定了当下的中国要坚持以经济建设为中心、大力推进生产力的发展,还决定了我们的发展不是单一的经济物质方面的发展,而是要做到全面科学协调性的发展。现阶段,我国的经济发展层次仍需进一步提高,民主政治建设进程

[①] 《邓小平文选》第三卷,人民出版社1993年版,第64页。

有待于进一步加速，和谐社会建设仍需要进一步深化，文化建设仍需要进一步推进，生态文明建设仍需要进一步加强，这就必然决定了中国特色社会主义道路必须实现各个层次、各个领域、多方面、立体化、综合性的健康协调和可持续发展。随着实践的发展，我国的协调发展的理念也不断得到充实与完善。随着经济的发展，邓小平同志指出"我们要在建设高度物质文明的同时，提高全民族的科学文化水平，发展高尚的丰富多彩的文化生活，建设高度的社会主义精神文明"①，强调我们要"两手抓，两手都要硬"，物质和精神必须实现双管齐下，这才是中国特色的社会主义。党的十三大报告则正式从经济、政治、思想文化三个角度提出了"为把我国建设成为富强、民主、文明的社会主义现代化国家而奋斗"②。到党的十七大，则从经济、政治、文化、社会四个角度，提出了"为把我国建设成为富强民主文明和谐的社会主义现代化国家而奋斗"③。到党的十九大，则从经济、政治、文化、社会、生态五个层面提出"为把我国建设成为富强民主文明和谐美丽的社会主义现代化强国而奋斗"④。从最开始的"一个中心"到"两位一体""三位一体""四位一体"再到当下的"五位一体"的总体布局，这是既基于我国仍处于并将长期处于社会主义初级阶段这一基本国情又适应于实践的具体发展变化所作出的重大论断，它体现的是党和人民对于科学、协调、可持续发展的不懈追求。在新时代，社会主义初级阶段的中国特色社会主义道路始终以前所未有的勇气与定力推进社会的协调发展，它以"五位一体"为主要内容，从我国初级阶段发展程度的国情特性出发，将建设社会主义市场经济、社会主义民主政治、社会主义先进文化、社会主义和谐社会和社会主义生态文明作为相互联系、相辅相成、协调统一的有机整体，凸显了中国道路科学发展的特质，是我们党在新时期对国家社会发展所作出的总体规划和战略部署。

社会主义初级阶段的基本国情决定了今天的中国道路坚持以人为本，实现全体人民的共同富裕。"人的自由而全面发展"是马克思对共产主义社会的美好设想，并将其作为人类社会未来发展的目标。目前，尽管我国的社会主要矛盾已经转化为人民日益增长的美好生活需要和不平衡不充分的发展之间

---

① 《邓小平文选》第二卷，人民出版社1994年版，第208页。
② 《十三大以来重要文献选编》上册，人民出版社1991年版，第211页。
③ 《胡锦涛文选》第三卷，人民出版社2016年版，第158页。
④ 《习近平著作选读》第二卷，人民出版社2023年版，第10页。

的矛盾，但是我国的初级阶段基本国情没有改变，现阶段我国的社会生产力水平要想达到完全满足人民在教育、医疗、住房等多个方面的美好需求还有一定的差距，还有很长的一段路要走。显然，这也就意味着在我国还远远没有形成能够实现"人的自由而全面发展"的基本条件。根据我国的社会主义初级阶段的基本国情赋予中国特色社会主义道路"促进人的全面发展，逐步实现全体人民共同富裕"这一基本内涵，既遵循了马克思对人类社会发展的美好理想，又根据我国的国情实际进行了与时俱进的改革与创新，是走中国特色社会主义道路的根本价值取向和基本目标方向。现阶段，我国正处于全面深化改革的关键时期，初级阶段的基本国情决定了中国特色社会主义道路要以人民为最基本的出发点，坚持以人为本。经济建设上，不解决人民群众在社会主义市场经济体制中所面临的就业、分配问题，就不可能实现经济的可持续增长；政治建设上，不保证人民当家作主的根本地位，就不可能得到人民群众的拥护和支持；文化建设上，不能满足人民群众日益增长的精神文化需求，就不可能凝聚中华民族的强大精神力量；社会建设上，不维护人民群众的根本利益，就不可能建成民主法治、公平正义、诚信友爱、充满活力、安定有序、人与自然和谐相处的和谐社会；生态文明建设上，不能满足人民群众对资源能源、生产生活环境和生态产品的需要，社会主义建设也就没有了持续、绿色、环保、美丽的生态环境做保障。在纪念马克思诞辰200周年的讲话上，习近平总书记再次指出"不断促进人的全面发展，朝着实现全体人民共同富裕不断迈进"[①]，这一目标是今天我们走好中国道路的基本内核，其不但表明了我们党将人民的生存和发展作为建设中国特色社会主义的基本出发点，同时说明了在当前改革的关键阶段我们党对于人民群众收入分配差距问题有着清醒冷静的认识。而党的十九大报告则进一步指出"中国共产党人的初心和使命，就是为中国人民谋幸福，为中华民族谋复兴，""永远把人民对美好生活的向往作为奋斗目标"[②]，这就深刻表明了我们党始终把"为人民服务"作为建设中国特色社会主义的根本落脚点。不论是当下我国经济社会建设的具体的方方面面，还是中国共产党始终如一的奋斗目标，都足以表明当下的中国道路就是一条以人为本、实现共同富裕的发展道路。同时，这

[①] 习近平：《在纪念马克思诞辰200周年大会上的讲话》，人民出版社2018年版，第21页。
[②] 《习近平著作选读》第二卷，人民出版社2023年版，第1页。

一道路特质既由国情特性决定，又体现了新时期我们党在初级阶段基本国情条件下对中国道路基本内涵的丰富和发展。

社会主义初级阶段的基本国情决定了今天的中国化马克思主义要不断丰富与发展以确保理论指导的科学性。实践是理论产生的根本源泉，实践永无止境，理论创新也永无止境。马克思主义中国化的最新理论成果是党和人民立足我国初级阶段的基本国情和建设实践，立足广大人民群众的实际需要而不断丰富发展与创新的中国特色理论的综合体。从"建设什么样的社会主义，怎样建设社会主义"的邓小平理论到"建设什么样的党，怎样建设党"的"三个代表"重要思想；从"实现什么样的发展，怎样发展"的科学发展观到"坚持和发展什么样的中国特色社会主义，怎样坚持和发展中国特色社会主义"的习近平新时代中国特色社会主义思想，这一系列理论的继承与发展，都始终脱离不了一个最根本的客观性的原则，即中国正处于并将长期处于社会主义初级阶段的基本国情。这一基本国情，更加决定了中国这个拥有十四亿多人口的国家，必须立足新的实践和新的问题不断推进基本理论的创新发展，必须有正确理论为我国摆脱发展不平衡不充分的问题提供科学的理论指导。在当下，习近平新时代中国特色社会主义思想是对马克思列宁主义、毛泽东思想、邓小平理论、"三个代表"重要思想、科学发展观的继承与发展，是马克思主义中国化的最新理论成果，是21世纪的马克思主义。习近平新时代中国特色社会主义思想，牢牢立足于最大的国情实际，从"八个明确"的理论层面和"十四个坚持"的实践层面为新时代下继续建设好中国特色社会主义树起了一面鲜明的精神旗帜，提供了科学的行动指南。在习近平新时代中国特色社会主义思想中，有许多立足基本国情的既继承前人又发展创新的思想。经济建设上贯彻创新、协调、绿色、开放、共享的新发展理念、推进供给侧结构性改革以建设现代化的高质量经济体系；政治建设上坚持党的领导、人民当家作主、依法治国的有机统一以发展社会主义民主政治；文化建设上牢牢掌握意识形态工作领导权、培育践行社会主义核心价值观、建设文化强国以推进社会文化的繁荣发展；社会建设上完善社会保障体系、创新社会治理以保障和改善民生水平；生态建设上坚持人与自然和谐共生、加快生态文明建设以建设美丽中国。四十多年的实践证明，中国化马克思主义是一个不断发展不断完善的理论体系，其深深植根于中国的基本国情，从国情实际出发进而不断得到充实与完善。

社会主义初级阶段的基本国情决定了中国特色社会主义道路凸显自主性与时代性以适应世界现代化进程。新中国成立初期，贫穷和落后成了这一时期中国社会最基本的国情特征。现阶段，尽管我国的现代化水平与西方发达国家的现代化水平相比有一定的差距，但是通过改革开放四十多年的发展，我国的生产力水平相对于之前还是取得了很大发展的，人民的生活水平有了很大的提高，民主政治、法治文化、科技教育等多方面都发生了历史性变革，取得了历史性成就。而这些成就的取得主要得益于我们党在领导人民推进社会主义现代化的进程中牢牢立足初级阶段的基本国情，没有照搬照抄别国的发展模式，而是坚持走中国特色社会主义道路，坚持党在社会主义初级阶段的基本路线，守住了中国的"社会主义"的底色，保持了为人民谋幸福的初心，坚守了为民族谋复兴的使命，凸显了中国特色社会主义道路的独立自主性。"开放带来进步，封闭必然落后"①，在坚持独立自主的基础之上，我们没有闭门造车，而是面向世界，始终坚持对外开放，既吸收了发达资本主义国家的先进文明成果，也借鉴了其他国家的经验和教训，把实现国家富强，人民当家作主，社会高度文明，人与自然、社会的和谐发展作为我国社会主义现代化建设的具体目标，将中国的现代化进程置于世界现代化进程之中，这既符合了世界各国人民为实现现代化努力奋斗的时代潮流，又体现了一百多年来中华儿女富国强国的美好夙愿，这就赋予了当下的中国特色社会主义道路以鲜明的时代特色。十八大以来，以习近平同志为核心的党中央立足我国的基本国情，适应了经济全球化的潮流，真正做到了与时俱进，将中国自身的发展与世界的发展融合在一起，提出了以"一带一路"为支撑的共同构建人类命运共同体的伟大构想。习近平同志指出"世界各国人民都生活在同一片蓝天下、拥有同一个家园，应该是一家人""应该秉持'天下一家'理念，张开怀抱，彼此理解，求同存异，共同为构建人类命运共同体而努力"②。事实上，不论是"一带一路"建设、"人类命运共同体"理念，还是"共商共建共享"原则等等，都是我们党从我国最大国情实际出发，所走的自主性与时

---

① 《习近平著作选读》第二卷，人民出版社 2023 年版，第 28 页。
② 习近平：《携手建设更加美好的世界——在中国共产党与世界政党高层对话会上的主旨讲话》，人民出版社 2017 年版，第 3 页。

代性有机契合的中国道路和中国方案。

自1978年以来,在正确认识我国社会主义初级阶段基本国情的基础上,我们党领导人民选择了中国特色社会主义道路。四十多年的实践成就向我们有力证明,基于社会主义初级阶段基本国情所选择的中国特色社会主义道路,是一条改革创新、协调发展、以人为本、理论科学、独立自主、与时俱进的智慧之路,是实现我国社会主义现代化与中华民族伟大复兴的必经之路,是符合共产党执政规律、社会主义建设规律、人类社会发展规律的必由之路。

二、基本国情是中国道路选择的根本依据

基本国情决定着社会的主要矛盾与根本任务,是一个国家制定重大方针政策的总依据。能否正确认识自身的基本国情,能否始终牢牢遵循本国的基本国情,是一个国家、一个民族生生不息、不断发展的首要前提。自十一届三中全会以来,我们走上了一条具有自己特点的国家发展道路,即中国特色社会主义道路。实践告诉我们,这条道路之所以能够行得通、走得久,最根本的原因就在于这是一条牢牢立足于我国基本国情的道路。

第一,社会主义初级阶段的基本国情决定了我们走中国道路必须旗帜鲜明、沿着社会主义的正确方向不断前进。社会主义是人类社会发展的必然方向,是历史发展的必然趋势。这就意味着我们在坚持发展中国道路的过程中,必须始终坚守社会主义方向,必须在社会主义旗帜下不断前进。习近平总书记曾论证"中国特色社会主义是社会主义而不是其他什么主义"[①]。1956年"三大改造"的基本完成,标志着我国正式建立起了社会主义基本制度,我国由一个半殖民地半封建社会的国家经过新民主主义社会直接过渡到了社会主义社会。社会主义的道路是曲折的,但社会主义的前途无疑是光明的。在坚持与发展中国道路的过程中,我们取得了许多举世瞩目的重大成就。这些重大成就向我们证明,今天的中国特色社会主义道路只要牢牢遵循社会主义的正确前进方向,就必然可以战胜困难,就必然可以充满生机与活力。历史的总趋势是不断前进与发展的,而社会主义社会作为人类社会新形态,无疑是以往的原始社会、奴隶社会、封建社会、资本主义社会长期发展之后的必然

---

① 《习近平著作选读》第一卷,人民出版社2023年版,第75页。

结晶，无疑有着相对于以往社会形态无可比拟的巨大优越性与无限的生机活力。目前而言，尽管在资本主义社会中，尤其是资本主义社会中的发达国家，在生产力发展、科技教育等方面处于世界领先地位，当下的中国要追赶上这些国家也还有很长的一段路要走。但是，我们必须明确的是，衡量某种制度、某种主义是否先进，主要是看这个制度、这个主义能否完成历史性命题。正如习近平总书记所指出的："一个国家实行什么样的主义，关键要看这个主义能否解决这个国家面临的历史性课题。历史和现实都告诉我们，只有社会主义才能救中国，只有中国特色社会主义才能发展中国，这是历史的结论、人民的选择。"① 实践证明，中国特色社会主义道路是我们实现民族复兴的必由之路与唯一选择。因此，无论何时，中国都不能丢掉科学社会主义的基本原则，都不能脱离马克思主义基本原理的正确轨道，唯有如此，我们才能牢牢立足于社会主义初级阶段的基本国情，才能在波云诡谲的国际局势中守住自身的立命之本，才能朝着实现中华民族伟大复兴的历史使命大步前行。

第二，社会主义初级阶段的基本国情决定了我们走中国道路必须实事求是、一切从实际出发。毛泽东同志在《改造我们的学习》中曾对"实事求是"这一词语有过非常经典的表述，他指出："'实事'就是客观存在着的一切事物，'是'就是客观事物的内部联系，即规律性，'求'就是我们去研究。"② 换言之，实事求是就是要求我们想问题、办事情不能凭空想象，而是要从实际出发，要从实际中找出根源性问题，探寻出事物的本质性规律，从而正确指导好我们的实践工作。在坚持与发展中国特色社会主义道路的过程中，我们更要做到实事求是，要时刻保持对我国国情的清醒认识，时刻以我国初级阶段的最大实际为根据制定工作总方针。习近平总书记曾指出我们要"从实际出发谋划事业和工作，使点子、政策、方案符合实际情况、符合客观规律、符合科学精神，不好高骛远"③。初级阶段的国情是我国最大的实际，因此，我们必须明确好当下我国的基本定位，必须以社会主义初级阶段的基本国情为基点科学制定我国的重大方针政策。实事求是，要求我们看问题要做到客观、全面、理性，不偏不倚。这就要求我们，立足我国的现实情况，既看到

---

① 《习近平谈治国理政》第一卷，外文出版社 2018 年版，第 22 页。
② 《毛泽东选集》第三卷，人民出版社 1991 年版，第 801 页。
③ 《习近平谈治国理政》第一卷，外文出版社 2018 年版，第 381 页。

改革开放四十多年来我国所发生的历史性变革和所取得的历史性成就,同时要认识到我国仍处于并将长期处于社会主义初级阶段的基本国情没有变、我国是世界上最大的发展中国家的国际地位没有变。我们只有以一个客观、真实、全面、科学的视角去看待当下中国社会发展的现状,才能让中国特色社会主义道路走得既有底气也有动力。实践证明,从革命到建设再到改革的过程中,正因为我们党始终坚持着实事求是的思想路线,始终保持实事求是的科学态度,始终贯彻实事求是的工作作风,才能在复杂局势中有力地领导广大人民取得革命的伟大胜利、建设的伟大成就、改革的显著成效。一旦脱离了实事求是的基本原则,我们所制定的方针政策就会脱离实际,从而导致社会主义建设的列车脱离正确的轨道。实事求是,是我们党思想路线的核心内容,它既是我们党以往历史实践的经验总结,亦是我们当下实践的指导原则。能否实事求是,能否一切从实际出发,是我们能否正确认识我国国情的首要条件,是我们能否遵循我国国情的基本前提,是我们能否走好中国道路的重要因素。实事求是,一切从实际出发,不论何时何地,都是党领导人民拨开迷雾、战胜困难、实现民族复兴的不二法宝。

第三,社会主义初级阶段的基本国情决定了我们走中国道路必须认识到社会主义现代化建设的艰巨性与长期性。马克思、恩格斯在其经典著作中曾对人类社会的发展历经原始社会、奴隶社会、封建社会、资本主义社会、共产主义社会作出了阐释,并把共产主义社会划分为第一阶段和高级阶段。基于此,列宁对人类社会发展阶段进行了更为细致的划分,提出了共产主义的第一阶段是社会主义社会。这一划分意味着人类社会的发展是连续性长期性的发展过程,意味着共产主义社会的实现还需要很长的时间,社会主义社会的建设亦有很长的一段路要走。1992 年,邓小平同志就指出了我国社会主义建设的长期性、艰巨性、复杂性,强调"我们搞社会主义才几十年,还处在初级阶段。巩固和发展社会主义制度,还需要一个很长的历史阶段,需要我们几代人、十几代人,甚至几十代人坚持不懈地努力奋斗"[①]。今天,我国经过几十年的发展,在许多方面已经取得了举世瞩目的成就,尤其是我国经济发展成绩显著,截至 2010 年,我国就超过日本成为全球仅次于美国的世界第

[①] 《邓小平文选》第三卷,人民出版社 1993 年版,第 379-380 页。

二大经济体。但同时我们也需要清醒地认识到，我国的经济结构亟待优化，民主法治建设、生态文明建设等方面亟待加强。这样的一种现实状况就必然决定我们必须对我国正在进行的社会主义建设有一个理性客观的认识，必然决定了我们必须认识到社会主义建设的艰巨性与长期性。既然我国的社会主义建设不是以较高水平的生产力为基础的，那今天的中国若想实现资本主义发达国家用几百年时间所完成的工业化、现代化、信息化，无疑是一个长期艰巨的过程，无疑需要长久的努力与奋斗。与此同时，我们还需要认识到，正确认识的形成是一个过程，我们对社会主义建设规律、共产党执政规律、人类社会发展规律的认识也是逐步深化的，是一个长期性的曲折过程，这也决定了初级阶段我国社会主义建设的长期性与艰巨性。实践证明，在中国这样一个经济文化相对落后的国家进行社会主义现代化建设，必然不是一帆风顺的，而是荆棘丛生、困难重重的。但若想实现中国特色社会主义共同理想与共产主义的远大理想，就必须把社会主义建设看作一个长期的过程、一项艰巨的重任，不能急功近利、好高骛远。

第四，社会主义初级阶段的基本国情决定了我们走中国道路必须稳扎稳打、要做好长期的战略规划。蓝图不可能一绘而成，梦想不可能一夜成真，建设亦不可能一蹴而就。社会主义初级阶段基本国情决定了我国的社会主义建设是一场持久战，需要稳扎稳打，要做好长期的战略规划。战略问题是一个关系着党的生死存亡、关系着国家的荣辱兴衰的全局性、根本性的问题，因此，正确的战略规划是实现民族复兴链条中极为关键的一环。作为社会主义事业的领导核心，中国共产党始终保持大局意识、战略思维，非常重视统筹兼顾、长远规划。党的十九大以来，作为马克思主义中国化最新成果的习近平新时代中国特色社会主义思想立足于新实践和新问题，既从理论层面回答了新时期我们建设什么样的中国特色社会主义的问题，又从实践层次回答了当前怎样建设中国特色社会主义的问题，提出了实现民族复兴的"八个明确"与"十四个坚持"，这是立足我国基本国情所提出的一个总体性、综合性的战略部署。当然，一个国家系统的正常运行，需要多方面的协同并进。因此，在作长期的战略规划时，以习近平同志为核心的党中央立足我国国情，明确提出了"四个全面"的战略布局，从小康社会、深化改革、从严治党、法治国家这四个重点方面推进社会主义现代化建设；明确提出了"五位一体"

总体布局，从经济、政治、文化、社会、生态五个方面协同推进社会主义现代化建设。2017年党的十九大报告提出了七大发展战略，即科教兴国战略、人才强国战略、创新驱动发展战略、乡村振兴战略、区域协调发展战略、可持续发展战略、军民融合发展战略，这七大发展战略的坚定推进是全面小康实现的有力举措。这一系列战略部署既做到了重点论与两点论的统一，又实现了现实与未来的贯通，充分体现了对社会主义初级阶段基本国情的有力遵循。与此同时，社会主义初级阶段的中国要想实现社会主义现代化与民族的伟大复兴，不仅要作好对内的长期规划，也要作好对外的长期部署。早在2014年中共中央政治局第十次会议时，习近平总书记就指出"要树立战略思维和全球视野，站在国内国际两个大局相互联系的高度，审视我国和世界的发展，把我国对外开放事业不断推向前进。"① 以习近平同志为核心的党中央既大力推进经济体制、政治体制等多方面的体制改革以破除阻碍发展的弊端，又通过"一带一路""人类命运共同体"将中国与世界紧密联系在一起，通过实现国内国际的良性互动，营造出内部稳定发展、外部合作共赢的良好环境。实践证明，对于中国这样一个拥有14亿多人口的大国，若无法对国家发展形成总体性、科学性、长期性的战略规划，无法基于现实情况作出宏观性的战略部署，那么，在实践过程中我们必定会顾此失彼、错失平衡，必定会一叶障目、痛失全局。所以，社会主义初级阶段的基本国情决定了我们必须清醒地认识到完成社会主义现代化建设与实现中华民族伟大复兴是一个长期的艰巨的发展过程，在实践过程中，我们必须脚踏实地、稳扎稳打，为实现这些伟大目标做好长期性的科学性的战略规划。

三、新时代新阶段我们党对国情认识的新高度

我们党在马克思主义指导下，从实际出发、与时俱进地在社会主义初级阶段基本国情现实的基础上，具体认识我国国情不同时期呈现的阶段性特征，准确判断我国的基本国情和发展方位，并提出了"新时代""社会主要矛盾转换""新发展阶段"等一系列新的重大论断，这标志着我们党在马克思主义指导下对基本国情认识的深化并且达到了新高度。

---

① 《习近平谈治国理政》第二卷，外文出版社2017年版，第101页。

（一）从社会发展阶段上明确新时代的历史方位

在总的社会发展阶段进程中，伴随着时代变化和实践深入，在不同的历史时期呈现出阶段性特征，对这些阶段性特征的深入认识体现了我们党对于中国特色社会主义发展道路的认识的不断深化。如果说十三大明确了社会主义初级阶段基本国情是中国特色社会主义道路选择的现实依据，那么新时代和新发展阶段则意味着中国特色社会主义道路发展进入了新的发展时期，是社会主义初级阶段的新阶段性特征表现，也是中国特色社会主义发展进入新时代的新历史方位，标注了中国道路发展的时代坐标和发展方向，是社会主义初级阶段的具体内涵随着时代的变化而不断发生的阶段性深化。

社会主义初级阶段的发展是一个螺旋上升的发展过程。新时代依然是社会主义初级阶段中的新时代，是中国特色社会主义的新时代。今天，我国仍处于并将长期处于社会主义初级阶段的基本国情在这一新历史方位下并没有改变，世界最大发展中国家的国际地位也没有变，这体现了社会主义初级阶段的总体特征，即发展过程中的渐进性、一脉相承的继承性、与时俱进的发展性。首先，新时代并不是和社会主义初级阶段相互独立的阶段，新时代和社会主义初级阶段也不是简单的两个发展阶段的拼凑衔接，也不意味着新时代的到来就结束了社会主义初级阶段，社会主义初级阶段是包含新时代这一新发展阶段的，社会主义初级阶段是长期的历史进程。其次，新时代依然处在社会主义初级阶段，是因为社会主义初级阶段的主要特征——生产力水平依然有进一步提升的空间，尤其在信息技术突飞猛进的时代背景下，我国的科技自立自强、自主创新的道路仍然任重而道远，因此，社会主义初级阶段的基本依据也没有发生本质性改变。最后，虽然社会生产力水平的提高以及社会主要矛盾的转化都赋予了新时代新的内涵和意义，但是依然没有改变人民需求和社会生产这两个重要维度对当前我国社会主要矛盾的判断，社会主要矛盾依然是围绕人民和社会两大主体而具体考量和展开的。

新时代是社会主义初级阶段中的新的发展阶段，新时代的到来是在渐进发展取得重大成就的基础上实现的历史性跨越，体现了对生产力发展状况和要求的整体性提高，呈现了新时代所具有的新的表现形式和特征。社会主义初级阶段具有长期性，但不是一成不变的。党的十九届五中全会指出："党的十八大以来，在新中国成立特别是改革开放以来我国发展取得的重大成就基础上,党和国家事业发生历史性变革,我国发展站到了新的历史起点上,中国特色社会主义进入了新的发展阶段。"① 习近平总书记进一步指出:"今天我们所处的新发展阶段,就是社会主义初级阶段中的一个阶段,同时是其中经过几十年积累、站到了新的起点上的一个阶段。"② "从历史依据来看,新发展阶段是我们党带领人民迎来从站起来、富起来到强起来历史性跨越的新阶段。"③ 新发展阶段是社会主义初级阶段中的一个新的发展阶段,更加强调在社会主要矛盾转变和时代任务转变的前提下,由于时代主题和任务的转变,中华民族实现了阶段性质的飞跃,迈进了强起来的伟大征程,致力于实现第二个百年奋斗目标,建成社会主义现代化强国,实现中华民族伟大复兴。实现站起来富起来强起来的历程也是社会主义初级阶段总体社会发展阶段中的不断实现量的积累的过程。社会主义初级阶段在经历长期发展和量的积累阶段后进入一个新的发展时期,这个时期的主要矛盾和主要任务发生了转变,使社会主义初级阶段不断向更高级阶段迈进。

总起来说,中国特色社会主义进入新时代和新发展阶段,是我们党立足于社会主义初级阶段的长期性结合具体的世情、国情、党情而做出的阶段性判断,是准确反映中国特色社会主义道路发展阶段和历史方位变化的论断;是中国社会发展的必然结果,它标志着中国在社会主义现代化建设道路上迈出了新的步伐,开启了新的篇章。

(二) 从核心内容上提出社会主要矛盾的转换

社会主要矛盾对社会发展起决定性作用,决定了当前社会的主要任务。中国共产党在统揽世界百年未有之大变局和中华民族伟大复兴全局的过程中,在总结中国特色社会主义建设成就经验的基础上作出了社会主要矛盾发生转变的重大政治判断,这体现了党对社会主义初级阶段基本国情认识的进一步深化。

1. 深刻理解社会主要矛盾转变的丰富内涵

中国特色社会主义道路是随着实践的发展而不断延伸拓展的,也就是说这条道路必然伴随着社会主义初级阶段国情变化向更高级阶段的发展进程迈

---

① 《习近平谈治国理政》第二卷,外文出版社 2017 年版,第 62 页。
② 《习近平谈治国理政》第四卷,外文出版社 2022 年版,第 162 页。
③ 《习近平谈治国理政》第四卷,外文出版社 2022 年版,第 162 页。

进，其是螺旋上升的发展路径。立足社会主义初级阶段的总体国情特征，发现不同阶段的主要矛盾和主要任务呈现出不同时期的特殊性。十八大以来，中国特色社会主义进入新时代，社会主要矛盾由人民日益增长的物质文化需要同落后的社会生产之间的矛盾转变为"人民日益增长的美好生活需要和不平衡不充分的发展之间的矛盾"①。

"人民日益增长的美好生活需要"基于需求侧凸显人民需求在新时代发生的主要变化。人民的美好生活需要从根本上受到社会发展状况的制约，不同历史时期、不同时代人民的生活状态和现实需求是不同的。新中国成立初期，人民的需求主要集中于物质文化需要层面，体现在人民的基本生产生活需要上，这是一种人的生存性需要。而伴随改革开放以来经济社会的飞速发展，我国国内生产总值实现跃升，居民收入不断增加，生活水平不断提高，人民的基本物质需求得到很大解决，人民的需要在新的时代条件下发生了变化。因此，人民的美好生活需要在物质文化需要基础上进一步发展，人民需要的涵盖范围更广、内涵更丰富、要求更高。从广度来看，人民的需要范畴不断扩大，2017年党的十九大报告指出："我国稳定解决了十几亿人的温饱问题，总体上实现小康，不久将全面建成小康社会，人民美好生活需要日益广泛，不仅对物质文化生活提出了更高要求，而且在民主、法治、公平、正义、安全、环境等方面的要求日益增长。"② 这表明人民的需要在新时代已经由最初的满足人民基本的生存生活需要扩展到经济、政治、文化、社会、生态等多方面的需要，而在新时代要更加满足人民在民主、法治、公平、正义、安全、环境等多方面日益增长的需求。当然，这并不意味着原有的物质文化需要不复存在或者人民不再需要，而是人民的需求在新时代背景下的范畴扩大了；从质量上看，新时代要满足人民在经济、政治、文化、社会、生态等多方面的更高层次的需要。美好生活是对生活的高度升华，体现了人民需要的层次升级和质量提高，也展现了人民在新时代的崭新生活样态，正如习近平总书记所讲："我们的人民热爱生活，期盼有更美好的教育、更稳定的工作、更满意的收入、更可靠的社会保障、更高水平的医疗卫生服务、更舒适的居住条

---

① 《习近平著作选读》第二卷，人民出版社2023年版，第9页。
② 《习近平著作选读》第二卷，人民出版社2023年版，第9-10页。

件、更优美的环境，期盼孩子们能成长得更好、工作得更好、生活得更好。"①因此，人民美好生活需要既包括基本的物质文化需要这一基本硬性条件，也包括人民的主体感受、精神丰富等方面的非物质性的获得感和满足感需求，这一层面反映了人民作为社会发展的主体的需求在新时代的转变。当然，随着人民需求的变化，这也意味着新时代党的历史任务发生了新变化，说明了我们党在新时代在认识人的问题上有着深刻的认识和准确的把握。

"不平衡不充分的发展"是基于供给侧方面所凸显出的主要变化，也是影响人民美好生活需要的主要制约因素，揭示了新时代社会发展的主要的和突出的问题。新时代需要的是更全面的发展和更均衡的发展，致力于实现全体人民共同富裕的发展。自改革开放以来，我国经济社会发展的主要任务是摆脱生产力落后的局面，这也是我国社会主义初级阶段的基本国情的主要特征。然而，今天的这种"不平衡不充分的发展"深刻凸显了新时代社会发展的变化，体现了新环境新趋势对社会综合高质量发展提出了更高的要求。"不平衡"揭示了社会发展在空间和各领域范畴发展的不平衡不协调状态。一方面在空间上，我国各个区域发展不平衡，东部沿海地区发展与内陆地区发展不平衡、城市和乡村发展不平衡等。另一方面在内容上，我国社会在经济、政治、文化、社会、生态等各领域发展不平衡不协调，包括产业发展不平衡和居民收入不平衡等。"不充分"是指我国在一些地区一些领域一些方面还存在发展动能不足的问题，当然也包含生产力的构成要素，即劳动者、劳动资料、劳动工具等，发展动能需要进一步丰富和激发。我们还需要进一步挖掘开拓新的发展潜能、新优势、新增长点来促进社会财富的真正充分涌流。"不充分"作为供给侧也是因变量，体现出需求侧在新时代的新转变，其迫使供给侧的发展水平和发展能力作出新时代的回应。因此，不平衡不充分的发展是对社会发展现实状况的综合概括，是对相对比较落后的社会生产的具体化时代化的表达，揭示了社会整体发展水平全方面提高的影响因素，也昭示了新时代我们党迫切需要解决的社会发展难题。

2. 新时代的社会主要矛盾是初级阶段基本国情的新表达

基于社会主要矛盾转变内涵的分析，当前的社会主要矛盾依然属于社

---

① 《习近平谈治国理政》第一卷，外文出版社2018年版，第4页。

主义初级阶段的主要矛盾，同时更加凸显社会主义初级阶段的基本国情在新时代发展阶段的阶段性特征。

一方面，主要矛盾并没有改变我国的基本国情，其依然是社会主义初级阶段的基本国情在新时代的具体反映。党的十九大报告强调："我国社会主要矛盾的变化，没有改变我们对我国社会主义所处历史阶段的判断，我国仍处于并将长期处于社会主义初级阶段的基本国情没有变，我国是世界最大发展中国家的国际地位没有变。全党要牢牢把握社会主义初级阶段这个基本国情，牢牢立足社会主义初级阶段这个最大实际。"①

从核心概念内涵来看，"社会主义初级阶段"总体上是不发达阶段，是生产力落后的阶段。而社会主要矛盾虽然在新时代发生了转变，但是还存在发展不平衡不充分的问题，依然没有摆脱生产力发展还需要不断提升的局面。正如习近平总书记在党的十九大报告中所说："我国社会生产力水平总体上显著提高，社会生产能力在很多方面进入世界前列，更加突出的问题是发展不平衡不充分，这已经成为满足人民日益增长的美好生活需要的主要制约因素。"②"不平衡不充分的发展"实际上就是对"落后的社会生产"的内涵在新时代的发展，是新时代的话语表达。它反映出在党的领导下，在我国改革开放以来取得的巨大成就基础上，依然存在发展不平衡不充分的现实问题，我国的社会生产力总水平还没有达到进入社会主义高级阶段的要求，还处在社会主义的初级阶段，我们并没有跨过社会主义初级阶段这个基本国情，生产力发展水平依然需要进一步提高。

从时间维度来看，"我国从五十年代生产资料私有制的社会主义改造基本完成，到社会主义现代化的基本实现，至少需要上百年时间，都属于社会主义初级阶段"③。在这一阶段内的主要矛盾变化依然不会超出这个时期的历史发展阶段，它是在社会主义初级阶段范围内社会主要矛盾在新时代发生的阶段性变化。在中华民族实现"强起来"、建成社会主义现代化强国之前，社会主义初级阶段的历史定位是不会发生改变的，新时代的主要矛盾转变并不意味着社会主义初级阶段已经实现跨越，并不意味着已经超越了社会主义初级

---

① 《十九大以来重要文献选编》上册，中央文献出版社2019年版，第9页。
② 《习近平著作选读》第二卷，人民出版社2023年版，第9-10页。
③ 《十三大以来重要文献选编》（上），人民出版社1991年版，第12页。

阶段。所以，我们必须立足社会主义初级阶段基本国情来把握主要矛盾的变化，来制定正确的路线方针政策以不断解放和发展生产力满足人民对美好生活的需要。

从社会属性来看，美好生活是社会主义制度下人民生活的全面发展。社会主义制度属性下人民的美好生活不仅仅是单一的物质生活的发展，而且是在满足人民物质生活需求基础上人民生活各个方面的全面发展。在资本主义社会，物质生活的片面化、单一化发展是资本主义制度的弊端，资本逻辑下人被异化，人作为物质财富的创造者却不能共同享有创造出来的社会财富，人依赖于物成为物的奴隶，最终导致人的片面化，成为单向度的人，与人的自由全面发展相悖。而只有在社会主义公有制基础上，实现社会财富共同占有，才能实现人民的美好生活期待，进而实现人的自由全面发展。因此，美好生活是社会主义制度属性下人的理想生活状态，也是向理想社会状态的发展进程中追求人的自由全面发展在新时代的具体表现。

另一方面，新时代社会主要矛盾转变反映出社会发展的阶段性新情况、新特点、新变化，从基本国情的根本内在层面深刻揭示了我国处于新的社会发展阶段及其阶段性特征。

从需求的维度看，人民的需求实现从简单、单一的物质文化需求转变为美好生活需要，体现了新时代新发展阶段在中华民族从富起来迈向强起来的阶段中人民所表现出来的更高层次、更多样、更复杂的需求，展现了这一新发展阶段人民需求的新特点，具有时代属性和阶段特征。美好生活不仅凸显了人的需求的更高质量和更高水平，更是人的生活方式的改变和生活状态的内在跃升，表明人在我国社会发展到新阶段时对物的依赖的摆脱与超越，开始注重对更高层次生活的追求；也表达了人民对生活体验、生活感受及精神上的满足和获得，以及人的自我价值的实现等这些人的自我情感价值的需求；同时展现出人民对公共生活领域，即对社会医疗、社会环境、社会治理等方面的隐性需求。

从供给生产维度来看，从落后的社会生产转变为不平衡不充分的发展，体现了在中华民族迈向"强起来"的过程中衡量标准的复杂多样，也体现了对这一过程目标追求的高层次。"不平衡不充分的发展"体现出社会生产的量和质不能满足人民美好生活需要，是对现阶段新时代社会生产力发展状态的揭示。进入新发展阶段,今天的社会生产已经不再简单地等同于物质生产,与此对应的是更高级的阶段,即迈向强起来的阶段。强起来的阶段需要更高质量的经济、政治、文化、社会、生态发展,需要"五位一体"全面统筹发展,需要社会各个方面、各个领域的全面发展以及人的全面发展。同时,发展的衡量标准和内在要求评判尺度也随之发生了变化,社会生产不再是对单一的物质层面的满足,而是对生产力的发展实现由量到质的提高,新发展阶段同时要贯彻创新、协调、绿色、开放、共享的新发展理念。

  一个时代有一个时代的使命,一个国家亦有一个国家的国情。我们党做出新时代社会主要矛盾转变的重大政治判断正是基于社会主义初级阶段基本国情的本质特征和阶段性新变化所作出的战略选择,这表明我们党在新时代对基本国情的认识达到了新的历史高度、理论高度和理论自觉,这也是今天坚持走中国特色社会主义道路的理论来源和现实根基。

第四章

中国道路选择的独特内生逻辑

一、历时态、共时空、跨领域的多维统一

二、历史逻辑与现实实践的有机统一

三、科学合理性与价值正当性的统一

文化传统、历史命运、基本国情三者寓统于中国特色社会主义道路选择的基本依据之中，实现跨时空与跨领域的交融、历史与现实的统一，彰显当代中国所选择的这条国家发展道路的科学性、合理性、合规律性以及价值正当性。

一、历时态、共时空、跨领域的多维统一

中国特色社会主义道路的选择在时间上是历时态的，是中国从传统走向现代的现代化过程；在领域上是多维度的，是中国社会的多方面、多领域变迁的结果；在空间上是共存在的，统一于中国特色社会主义选择的基本依据。

（一）中国道路的选择是从"站起来"到"富起来"再到"强起来"的纵向历史进程

中华民族从"站起来"走向"富起来"再走向"强起来"是中国国家发展的历史必然，具有深刻的历史发展逻辑，而中国道路的选择恰恰孕育于国家和民族发展的这一动态变化过程之中。

1. 新中国成立筑牢发展根基，实现中华民族"站起来"的伟大飞跃

"站起来"是指摆脱我国半殖民地半封建社会的状态，推翻压在人民头上的三座大山，实现人民的解放与国家的独立。它是实现中华民族伟大复兴的首要前提。从鸦片战争到新中国成立的中国历史，是一部中华民族的屈辱史、反抗史与革命斗争史。面对西方国家的殖民侵略、掠夺和一系列丧权辱国不平等条约的签订，"落后就要挨打"是当时我国国内外现实状况的最真实描述。自此以后，"站起来"成为我国人民在持续不断反抗斗争历程中所共有的奋斗目标，既有太平天国运动、义和团运动和辛亥革命的武装救国，也有洋务运动、戊戌变法与新文化运动的曲线救国，但这些举措最终都没有完成中华民族"站起来"的奋斗目标和历史任务。

马克思曾经在《哲学的贫困》中指出："被压迫阶级的存在就是每一个以阶级对抗为基础的社会的必要条件。因此，被压迫阶级的解放必然意味着新社会的建立。"① 坚持以马克思主义为指导的中国共产党，代表着中国最广大工人阶级与被剥削阶级的利益，这就表明只有中国共产党才能救中国，只有

---

① 《马克思恩格斯选集》第一卷，人民出版社2012年版，第274页。

中国共产党才能带领广大人民群众实现民族之解放、人民之独立的历史重任。1922年,党的二大制定了"推翻国际帝国主义的压迫,达到中华民族完全独立;统一中国为真正的民主共和国"[①] 的奋斗目标。此后,中国共产党人坚持以马克思主义为指导,结合中国的革命形势和实际状况,带领中国人民推翻了长期压在头上的三座大山,取得了新民主主义革命的伟大胜利。1949年10月1日,毛泽东同志在新中国成立之日向全世界庄严宣告中华人民共和国成立,彻底改变了中国人民长期生活于水深火热之中、受尽欺凌的痛苦命运,"占人类总数四分之一的中国人从此站立起来了"[②]。

新中国成立以后,我国开启了现代化建设的新征程,国内外的环境和形势都十分严峻。在我国内部,由于新中国是在半殖民地半封建社会基础上建立起来的,内部工业基础薄弱,仍然是以农业、手工业为主。1949年3月,毛泽东同志在分析我国落后国情时就谈道:"在抗日战争以前,大约是现代性的工业占百分之十左右,农业和手工业占百分之九十左右。"[③] 在我国外部,时时刻刻面临西方国家的威胁,美帝国主义对中国仍然心有不甘,并企图以朝鲜战争为契机再次遏制中国。在这一背景下,通过计划经济最大程度集中人力、物力、财力,并寻求苏联的合作与援助,成了我国工业化建设与摆脱积贫积弱局面的最佳抉择。因此,在以毛泽东同志为核心的党中央领导下,通过"一化三改"实现了新民主主义社会向社会主义社会的转变,确立了社会主义基本制度。同时,通过二十余年的工业化探索,确立了比较完整的工业体系和国民经济体系,巩固了社会主义的国家制度,并为新时期中国道路的开辟创造了条件,也为中华民族实现从"站起来"到"富起来"提供了物质基础和建设经验。

2. 改革开放,经济迸发活力,实现"富起来"的伟大飞跃

"富起来"是指我国要在"站起来"基础上,不断解放和发展生产力,提高我国经济社会发展水平,改善人民生活状况,实现人民和国家的共同富裕,这也是我国改革开放以来取得的最为重要的成就。新中国成立之初,我国由于经历长期战争的摧残和国外帝国主义的压榨,已满目疮痍,国民经济百废

---

① 《中国共产党历史》上卷,人民出版社1991年版,第71页。
② 《毛泽东文集》第五卷,人民出版社1996年版,第343页。
③ 《毛泽东选集》第四卷,人民出版社1991年版,第1430页。

待兴。面对我国的这一局面,毛泽东同志曾经谈道:"现在我们能造什么?能造桌子椅子,能造茶碗茶壶,能种粮食,还能磨成面粉,还能造纸,但是,一辆汽车、一架飞机、一辆坦克、一辆拖拉机都不能造。"① 这从侧面反映了当时的中国人民实现国家富强和生活富裕的强烈愿望。随着和平与发展成为时代的主题,邓小平同志审时度势将马克思主义与中国实际相结合,在吸取我国社会主义建设探索的经验与教训的基础上积极借鉴西方国家的发展经验,毅然作出了改革开放的重大抉择,开创了具有中国特色的社会主义国家发展道路,即中国特色社会主义道路。也正是这条中国道路使中国的经济发展在市场经济条件下迸发活力,开启了我国经济发展的新阶段。关于我国实现"富起来"的发展道路,邓小平同志曾进行较多的论述,他认为,要想把我国建成小康社会,必须主要从两个方面着手。一方面,大力发展生产力。邓小平同志在关于社会主义本质方面曾经强调:"社会主义的本质,是解放生产力,发展生产力,消灭剥削,消除两极分化,最终达到共同富裕。"② 生产力发展水平是我国实现经济快速发展迈向共同富裕的根本,而我国作为经济文化条件较为落后的社会主义国家,更应该把生产力的发展放到重要位置。另一方面,必须发展市场经济。邓小平同志在吸取我国社会主义建设探索的经验教训基础上,加深了对计划经济的认识,精辟地阐明了社会主义与市场的关系,强调了改革不要纠结是姓"资"还是姓"社"的问题,计划和市场并非社会主义与资本主义的本质区别,计划经济不等于社会主义,市场经济也不等于资本主义,并提出了著名的"三个有利于"判断标准。这些科学认识极大地推动了我国的改革开放与市场化改革的不断推进,也推动了经济社会的快速发展。20世纪90年代以来,我们党继续高举中国特色社会主义伟大旗帜,坚持与时俱进,把握国家发展的战略机遇期,以求真务实的态度应对发展过程中的各种挑战,巩固了我国改革开放取得的成果。

四十多年的改革开放历程,中国共产党带领中国人民,在理论与实践上回答了社会主义建设、党的建设、科学发展等一系列重大问题。中国共产党领导广大人民坚持马克思主义基本原理与中国实际相结合,创造性地将社会主义与市场经济相融合,开创了中国特色社会主义道路,仅仅用几十年的时

---

① 《毛泽东文集》第六卷,人民出版社1999年版,第329页。
② 《邓小平文选》第三卷,人民出版社1993年版,第373页。

间摆脱了我国贫穷落后的局面，赶上了发达资本主义国家几百年的物质文明发展成就，满足了人民群众对物质文化发展的基本需求，极大地提高了人民的生活水平，创造了中国发展的奇迹，实现了"富起来"的伟大飞跃。

3. 新时代开启现代化新征程，奔向"强起来"的伟大目标

"强起来"是习近平总书记在总结我国发展历史的基础上作出的新的发展目标。2017年党的十九大上，习近平总书记强调："经过长期努力，中国特色社会主义进入了新时代，这是我国发展新的历史方位。"① 这代表着我国迎来了从站起来、富起来走向强起来的伟大历史进程。改革开放四十多年来，我国经济快速发展，生产力水平快速提高，人民生活条件得到大幅度改善，中国人民的生活逐渐走向了富裕，国家也走向了富强。但是，社会主义初级阶段的基本国情仍然是当前我国最大的国情和最大的实际，全面建成社会主义现代化强国依然是当前建设中国特色社会主义的伟大目标。十八大以来，习近平总书记深刻认识到我国各方面的发展与变化，深入领会人民群众对美好生活需要的转变与向往，从而提出了符合我国实际国情的当前社会主要矛盾的科学论断，即"我国社会主要矛盾已经转化为人民日益增长的美好生活需要和不平衡不充分的发展之间的矛盾"②，开启了新时代中国特色社会主义现代化建设新的伟大征程，带领全国各族人民开始走向"强起来"的伟大飞跃。

2016年11月，在纪念孙中山150周年诞辰大会上，习近平总书记指出："我们比历史上任何时期都更接近中华民族伟大复兴的目标，比历史上任何时期都更有信心、有能力实现这个目标。"③ 中国特色社会主义进入新时代，我国已经取得的成就举世瞩目，但当前我国仍然面临着许多新的问题，比如日益凸显的发展不平衡不充分问题，发展的质量和效益问题，创新能力亟待提升的问题，生态环境保护任重而道远，城乡区域发展和收入分配差距依然较大，教育、就业、医疗、养老等压力不断增大，意识形态斗争愈加激烈，等等。面对这一系列新变化和新问题，十八大以来，习近平总书记坚持以马克思列宁主义、毛泽东思想、邓小平理论、"三个代表"重要思想与科学发展观为指导，坚持以人民为中心，紧密结合我国实际国情，作出了一系列科学的

---

① 《习近平著作选读》第二卷，人民出版社2023年版，第8-9页。
② 《习近平著作选读》第二卷，人民出版社2023年版，第9页。
③ 习近平：《在纪念孙中山先生诞辰150周年大会上的讲话》，人民出版社2016年版，第4页。

决策。一方面，强调统筹推进"五位一体"总体布局、"四个全面"战略布局，鼓励与扶持科技创新，提高我国自主创新能力与水平。在党的十九大上，习近平总书记在报告中提及了建设社会主义现代化强国，推进实现科技强国、质量强国、网络强国、交通强国等方方面面，以此助力中华民族伟大复兴。另一方面，在坚持和平、发展、合作、共赢的外交理念基础上，积极倡导建立相互尊重、公平正义、合作共赢的新型国际关系，倡导构建人类命运共同体，推动"一带一路"建设，既为广大发展中国家提供了走向现代化的中国方案，也为全球各国的发展与世界的繁荣提供了中国智慧。

"站起来""富起来""强起来"是从传统中国走向现代中国的历史发展过程，也是中华民族近代以来摆脱封建统治与殖民主义压迫，实现民族解放与国家独立，进而实现国富民强的伟大历史过程。"站起来""富起来""强起来"三者一脉相承，相互承接，统一于今天中国特色社会主义现代化建设伟大实践的奋斗目标之中。

（二）中国道路的选择是中国社会多领域横向共同作用的结果

今天中国道路的选择是在我国社会主义建设的实践中逐步形成的，它表现为在国家建设各个领域的横向性变迁。

在经济领域，我们实现了从落后的农业国向成为全世界唯一一个拥有联合国产业分类中全部工业门类的国家的转变。我国自古以来就是一个农业大国，新中国成立后在党的领导下我们开启了工业化的发展道路，开始了探索现代化的征程。在量的不断积累上，我国工业生产快速推进，生产规模迅速扩大。在质的突破性飞跃上，我国工业生产技术不断创新，科技研发能力迅速提高。随着工业化进程的推进，工业部门不断扩张，从传统的轻工业到重工业再到高新技术产业，今天的中国已成为全球最大的电子信息产品制造国，是全世界唯一一个拥有联合国产业分类中全部工业门类的国家。在经济体制上，我国实现了计划经济体制向社会主义市场经济体制转变，更大程度、更广范围地发挥市场在资源配置中的基础性作用，企业和市场主体的活力被充分激发；坚持和完善基本经济制度和分配制度，发展并完善符合国情、充满生机活力的体制机制。同时，我们党把对外开放确立为基本国策，从兴办深圳等经济特区、开发开放浦东、推动沿海沿边沿江沿线和内陆中心城市对外开放到加入世界贸易组织，从"引进来"到"走出去"，充分利用了国际国内两个市场、两种资源。经过持续推进改革开放，我国实现了从高度集中的计划经济体制到充满活力的社会主义市场经济体制、再到全方位开放的历史性转变。

在政治领域，实现了向人民当家作主、构建全过程人民民主推进社会主义政治民主化法治化进程的转变。新中国成立后，党领导人民完成了社会主义革命，使全体人民翻身成了国家的主人，确立了社会主义制度。我们通过根本政治制度和基本政治制度以及社会主义民主政治建设的各项体制机制为人民群众提供民主权利的硬性保障，切切实实让广大人民群众摆脱了被压迫、被剥削的艰难境遇，赋予其当家作主的实质性政治权利，真正做到了访民情、析民意、集民智。改革开放以来，我们坚持党的领导、人民当家作主、依法治国的有机统一，发展社会主义民主政治，建设社会主义政治文明，积极稳妥推进政治体制改革，坚持依法治国和以德治国相结合，制定新宪法，建设社会主义法治国家，形成中国特色社会主义法律体系，尊重和保障人权，巩固和发展最广泛的爱国统一战线。

在文化领域，实现了向坚定文化自信、建设社会主义先进文化的转变。文化是一国经济和政治的集中反映。新中国成立后，党领导人民坚持以马克思主义为指导思想，开始了建设社会主义文化的新征程。尽管遭遇过曲折，但改革开放以来，一方面，我们大力发展社会主义先进文化，增强文化自信，提升我国的文化软实力，这既是更好地服务于我国社会经济政治发展的刚性需要，也是满足人民群众思想和精神文化上的柔性需求。另一方面，我们已经逐步积累起了大力推进社会主义先进文化建设所必需的物质基础，同时，几千年的文明发展又使得我们拥有非常丰富的文化宝藏。我国立足五千多年中华民族文化之根，积极挖掘我国传统文化中的积极因素，创造性地提出了"第二个结合"，有效地推动了传统文化的创造性转化与创新性发展。

在社会建设领域，实现了向构建社会主义和谐社会、完善社会治理、增进民生福祉的转变。改革开放以后，我国人民生活显著改善，社会治理明显改进，在收入分配、就业、教育、社会保障、医疗卫生、住房保障等方面都发生了巨大的变化。我们改善人民生活，取消农业税，不断推进学有所教、劳有所得、病有所医、老有所养、住有所居，促进社会和谐稳定。我们的社会保障体系不断完善，从过去较为单一的单位保障模式，发展到现在多层次的社会保障体系，其中包括养老保险、医疗保险、失业保险等多种社会保险制度，以及社会救助、社会福利等制度。我们努力建设体现效率、促进公平的收入分配体系，调节过高收入，取缔非法收入，增加低收入者收入，稳步扩大中等收入群体，推动形成橄榄型分配格局。我们在创新教育教学改革、深化医药卫生体制改革、加快建设养老服务体系等方面取得了明显的进步。与此同时，我国社会领域的建设不是独立进行的，它需要与经济领域、政治领域、文化领域、生态领域多方协调发展，才能发挥出最大化的积极效果。

在生态文明建设领域，实现了向保护环境、人与自然和谐共生、构建社会主义生态文明的转变。这种转变既是我们在认识论上的转变，也是我们在实践论中的转变。一方面，在社会不断发展的过程中，我们对于自然的认识是逐渐深化的。在社会主义建设初期，我们忽视自然规律，后来逐渐意识到自然与人类是命运共同体，在对这一紧密关系的曲折认识过程，我们逐渐树立了人与自然和谐共生的生态文明新理念，实现了渐进性的转变。另一方面，随着我们对自然认识的变化，我们对于在实践中应该采取怎样的措施去处理好人与自然之间的关系也有了进步性变化。我们切实践行了尊重自然、敬畏自然、保护自然的生态文明新理念，充分实现"天"与"人"的合一，充分实现了可持续性的科学发展，充分实现了人与自然的和谐共生。尤其是党的十八大以来，我国这种转变在生态领域是极为显著的。生态文明建设作为"五位一体"总体布局中的重要一环，已经被上升到国家战略布局的高度进行贯彻与实施。习近平总书记提出的关于生态方面的重要论断如"绿水青山就是金山银山"[①]、"保护环境就是保护生产力，改善环境就是发展生产力"[②] 等都是我们党在生态领域认识转变的具体体现。优良的生态环境是人类赖以生存发展最基本的条件。当然，实现完全的转变是一个长期性的、战略性的伟大工程，是需要我们以釜底抽薪的勇气与胆识使其不断深化与发展的。

概言之，我国社会发展主要领域的纵向发展与横向变迁，不仅有力证明了中国特色社会主义道路选择的正确性，也鲜明揭示了这条道路在发展过程中所蕴含的丰富内涵，同时向世界充分展示了这一道路的无限生机与活力。

---

① 《习近平著作选读》第一卷，人民出版社2023年版，第434页。
② 《习近平著作选读》第一卷，人民出版社2023年版，第434页。

(三)中国道路的选择统一于"三位一体"的基本依据

习近平总书记曾指出:"独特的文化传统,独特的历史命运,独特的基本国情,注定了我们必然要走适合自己特点的发展道路。"① 中国的文化、历史和国情在中国道路的选择中共同发挥作用,呈现"三位一体"的统一性关系,统一于道路选择的基本依据。

道路问题十分关键,因为它是关系全局的根本问题,选择一条正确的道路对于一个国家而言至关重要。古往今来,任何一个国家的正确道路都是在其本民族的文化传统、历史命运、基本国情的共同作用下形成、演化与发展的。邓小平同志很早之前就曾指出:"在中国这样落后的东方大国中进行社会主义现代化建设,应该走什么样的道路,这是关系到建设的快慢和成败的一个重大问题,也是马克思主义发展史上的一个新课题。"② 对于中国而言,选择一条什么样的道路,事关民族复兴、国家荣辱,事关党的事业兴衰成败。而在中国几十年实践中所发生的历史性变革、所取得的历史性成就,向世界有力证明了中国特色社会主义道路是一条适合中国发展特点的正确路径,是一条实现中华民族伟大复兴的必由之路,也是一条有着独特文化传统、独特历史命运、独特基本国情的国家发展道路。第一,中国特色社会主义道路的选择来源于其独特的文化传统,有其深厚的文化积淀。无论是传统的民本思想、均富思想、和谐思想、革新思想,抑或是我们所熟知的其他思想如"天下大同""无为而治"等等,这些思想都是我们中华传统文化的具体体现,都有着重要的现实意义,也都影响着今天中国人的思维方式与生活方式。历经千年的独特的文化传统,为中国特色社会主义道路的选择提供了统一的价值共识与思想精神的奠基,提供了最大的归属感与认同感,为我们解决现实问题提供了智慧性的借鉴与启示。这些优秀的传统文化作为中华文明的重要组成部分,是中华民族生生不息、永葆活力的关键支柱,同时是我们选择这条道路最坚实稳固的文化基础,是发展这条道路最不可或缺的文化源泉。第二,中国特色社会主义道路的选择来源于其独特的历史命运,有其深厚的历史渊源。历史的发展是不可逆的,中国近代以来独特的历史命运注定了其走上中国特色社会主义道路是历史的必然选择。近代以来,面对风雨飘摇的中华民

---

① 《习近平著作选读》第一卷,人民出版社2023年版,第150页。
② 姚传旺、张长云、罗张甫:《邓小平著作专题研究》,人民出版社1988年版,第104页。

族，无论是大地主阶级和资产阶级改良派的小修小补，还是前期资产阶级革命派的大刀阔斧改革与推翻重造，无论是借鉴西方的立宪制、议会制还是总统制，无论是器物救国、制度救国还是文化救国，这一系列的伟大尝试都在历史的滚滚洪流中不堪一击，逐一夭折。历史的洪流最终要把中国推向何方？是延续千年的封建道路，还是西方经历着的资本主义道路，抑或是新生不久的社会主义道路？十月革命的一声炮响、"五四运动"的爆发、中国共产党的成立、新民主主义革命的几经沉浮、社会主义革命与建设的艰难探索、改革开放与现代化建设的历史性转折等等，这些独特的历史让我们走上了一条关乎民族发展、人民幸福的中国特色社会主义道路，同时，这条道路也因此成为历史发展之使然、人民选择之必然。第三，中国特色社会主义道路的选择来源于其独特的基本国情，有其深厚的现实土壤。"基本国情"是对一个国家境况的根本性概述，是一个国家制定重大方针政策的根本性依据，社会主义初级阶段的基本国情决定了我国必须选择中国特色社会主义道路作为实现中华民族伟大复兴的唯一途径。它既从质上点明了中国道路的根本性质，又从量上点明了中国道路的所处阶段。独特的基本国情既决定了中国道路是一条社会主义道路，要坚持社会主义方向决不动摇；又决定了中国道路是一条特色的现代化道路，要坚持以经济建设为中心、大力发展生产力、协同推进各方面的协调发展。可以说，我们仍处于并将长期处于社会主义初级阶段的基本国情为国家发展道路的选择提供了现实土壤，是影响道路选择最基本的现实基础。当然，中国道路的选择是三者相互作用的产物，即独特的文化传统、独特的历史命运以及独特的基本国情三者并不是相互分离的，它们彼此之间有着无比紧密的必然联系，是相互统一的。若这三者中失去了任何一个都是不完整的，都无法形成今天支撑走中国特色社会主义道路的坚实基础。试想，如果没有几千年所孕育的共同的文化传统，我们如何能在分崩离析形势危急时万众一心、众志成城？如何能在几经沉浮中自强不息、艰苦斗争？这就是独特的文化传统为中国道路选择提供的共同文化之根。如果没有近代以来中国独特的历史命运，我们如何能够与时俱进、拥有世界性的眼光？如何能够浪里淘沙毅然选择中国特色社会主义道路？这些独特的历史命运为中国道路选择提供了深厚的历史渊源。如果没有独特的基本国情，我们如何能找准定位、坚守目标？如何能认清阶段、实现发展？这些是独特的基本国情为中国道路选择培育的现实土壤。换言之，文化传统、历史命运、基本国情是一个有机整体，三者共同寓于道路选择的基本依据之中，共同催生出了这条实现中华民族伟大复兴的必由之路，即中国特色社会主义道路。

古语曾云"条条大路通罗马"，每个国家每个民族都有着各自不同的发展之路。对于中国而言，要想实现中华民族伟大复兴，实现国家的繁荣富强，必须走一条适合自身特点的特色之路，即中国特色社会主义道路。中国的这条道路从何而来？习近平总书记在2013年6月十八届中央政治局第七次集体学习时指出，它"是在改革开放30多年的伟大实践中走出来的，是在中华人民共和国成立60多年的持续探索中走出来的，是在对近代以来170多年中华民族发展历程的深刻总结中走出来的，是在对中华民族5000多年悠久文明的传承中走出来的，具有深厚的历史渊源和广泛的现实基础"①。因此，中国特色社会主义道路有其独特的文化传统作为选择的文化基础，有其独特的历史命运作为选择的历史依据，有其独特的基本国情作为选择的现实土壤。文化传统、历史命运、基本国情不是相互封闭的单元格，而是一个三边相合的"三脚架"，共同构筑成中国特色社会主义的"一体三面"，统一于中国特色社会主义道路选择的基本依据。马克思亦曾言："人们自己创造自己的历史，但是他们并不是随心所欲地创造，并不是在他们自己选定的条件下创造，而是在直接碰到的、既定的、从过去承继下来的条件下创造。"② 可以说，独特的文化传统、历史命运、基本国情就是这样一种不可选择无法更改的"条件"。这样的一种条件不仅仅是中国特色社会主义道路得以开辟的独特催化剂，也是这条道路于复杂多变局势之中得以坚持与深化的重要稳定器，更是广大中国人民选择这条道路的基本依据。

二、历史逻辑与现实实践的有机统一

中国特色社会主义道路的选择连接了中华民族的过去与现在，贯穿于中国社会变迁的历史与未来，既观照历史，又根植现实，既是千百年来中国人共同的价值理想，又是当代中国人的共同夙愿。

---

① 《习近平谈治国理政》第一卷，外文出版社2018年版，第39-40页。
② 《马克思恩格斯选集》第一卷，人民出版社2012年版，第669页。

(一) 中国道路的选择彰显了千百年来中国人共同的价值理想

中华民族是一个历史悠久的民族,在五千多年的历史实践中,孕育了支撑华夏儿女自强不息、艰苦奋斗的共同价值理想。在当下中国人民所选择的中国特色社会主义道路实践中,这些具有深厚历史文化积淀的共同的价值理想得到了时代化的现实体现。

1. 中国道路的选择彰显了千百年来中国人反对分裂、崇尚统一的价值理想

"反对分裂,崇尚统一"是中华民族绵延千年的价值理想。早在千年之前,"大一统"的思想观念就已经深深地烙印在华夏子孙的心中,并深刻影响着古代中国的方方面面。春秋战国时期,我国就已经出现了"反对分裂,崇尚统一"这样一种价值理想的初步萌芽。《孟子·梁惠王上》曾有过这样的记载:"卒然问曰:'天下恶乎定?'吾对曰:'定于一。''孰能一之?'对曰:'不嗜杀人者能一之。'"① 孟子与梁惠王的对话从侧面反映出了当时四分五裂的中国的深陷战争苦难的百姓对民族统一和社会安定团结的向往。自秦始皇一统天下之后,我国建立起了历史上第一个统一的中央集权制的多民族国家,这就使得"大一统"的思想更加深入人心并影响着中国几千年历史的发展。纵观中国几千年的发展,虽有分裂时期,但统一始终是中华民族发展历程中的主流,"反对分裂,崇尚统一"也一直是中国人民心中从未改变的价值理想。当下,中国已经从曾经的中央集权的封建国家成为人民民主专政的社会主义国家,中国道路从近代到现代再到当代的选择也体现着中国历史的深厚积淀,彰显着千百年来中国人反对分裂、崇尚统一的价值理想。作为一个多民族的国家,面对风俗习惯、历史传统有着极大不同的56个民族,中国共产党领导广大人民在道路实践中探索出了一系列具有国情特点的中国特色社会主义制度,比如确立了民族区域自治的基本制度,既可以保障各少数民族的基本权利,发展平等、团结、互助、和谐的社会主义民族关系,助推各少数民族的发展,又可以实现各少数民族服从国家的统一领导,保障各民族紧紧团结一起。与此同时,"一国两制"亦彰显了千百年来中国人"反对分裂,崇尚统一"的价值理想。我们坚持"一个中国"的原则,通过"高度自治""两种制度"有力地推动了祖国统一的进程,于1997年和1999年率先实现了香

---

① 《孟子》,北方文艺出版社2019年版,第9页。

港与澳门的顺利回归。尽管台湾问题尚未解决,但是在坚持走中国道路的过程中,我们始终坚持着"反对分裂,崇尚统一"的价值理想,始终依托政治、经济、文化等多种渠道,加强与台湾在经济、政治、文化等多个领域的交流沟通。我们应该并且能够相信,只要我们坚守这一价值理想,坚持走好中国特色社会主义道路,一定能够促进台湾早日回归、实现祖国的伟大统一。过去的经验与教训告诉我们,只有主张各民族、各地区和睦相处、团结统一的中国道路才能真正实现保障好十几亿中国人民的根本利益,实现好十几亿国人对美好生活的向往。

2. 中国道路的选择彰显了千百年来中国人家国同构、民富国强的价值理想

家是最小国,国是千万家。家国一体、民富国强是几千年来中华儿女共同的价值理想。回顾历史,我们可以看到古人"穷则独善其身,达则兼善天下""修身齐家治国平天下"的家国情怀。历经千年的风雨沧桑,"家国同构""民富才能国强,国强才能民安"的价值理想却依然闪耀。在当下党领导人民坚持和发展中国特色社会主义道路的过程中,这种家国同构、民富国强的价值理想更在社会建设的各个领域各个层面得到了充分的彰显。习近平总书记指出:"实现中华民族伟大复兴,就是中华民族近代以来最伟大的梦想。"[①] 这个梦想就是我们的中国梦,中国梦是十四亿中国人民的梦,是成千上万个中国家庭的梦,是56个民族的梦,它把个人、家庭与民族国家紧紧联系在了一起,实现了普通民众的梦想与国家战略构想的有机契合,深刻彰显了家国一体、民富国强的价值理想。"富强、民主、文明、和谐、自由、平等、公正、法治、爱国、敬业、诚信、友善"是社会主义核心价值观的基本内容,这二十四个字从个人、社会、国家的三个层面传达出了当下中国人的价值取向,实现了国家意志与个人诉求、民族复兴与个人发展、宏观战略与日常生活的有机统一。习近平总书记在2016年会见第一届全国文明家庭代表时曾讲道:"历史和现实告诉我们,家庭的前途命运同国家和民族的前途命运紧密相连。我们要认识到,千家万户都好,国家才能好,民族才能好。""同时,我们还要认识到,国家好,民族好,家庭才能好。"[②] 为此,习近平总书记非常重视我国的家庭建设,提出我们要重视家庭、注重家教、培育家风,倡导"用我

---

① 《习近平谈治国理政》第一卷,外文出版社2018年版,第35页。
② 《习近平谈治国理政》第二卷,外文出版社2017年版,第354页。

们4亿多家庭、13亿多人民的智慧和热情汇聚起实现'两个一百年'奋斗目标、实现中华民族伟大复兴中国梦的磅礴力量"[1]。家庭是社会的基本细胞，无数的家庭构成了国家，因此，家与国并不是单向的关系，而是双向的关系。双向的家国关系决定了国家的繁荣富强是每个家庭平安幸福的基本前提，每个家庭的幸福美满是国家繁荣发展的重要条件。只有国家富强安宁才可以为家庭的幸福提供坚实的保障，只有家庭美满才能更好地促进社会的稳定和谐与国家的不断发展。历史告诉我们，个人、家庭、国家自始至终是休戚与共、息息相关的命运共同体。每一个人、每一个家庭都与我们的祖国紧密相连，一荣俱荣，一损俱损。当下，世界局势比以往更为严峻、复杂、多变，正处于一个千古未有之大变局的关键时期。中国人不是生在一个和平的时代，而是生在一个和平的国家。在和平与发展成为时代主题的今天，并不是每一个国家、每一个地区都如同中国这般政风和畅，社会稳定。广大的中国人民之所以衣食无忧，广大的中国家庭之所以幸福美满，始终离不开我们日益强大的祖国为我们幸福美好的生活的保驾护航。在新的历史条件下，中国特色社会主义道路作为实现中华民族伟大复兴的必由之路与正确选择，让我们实现了家国同构、民富国强的价值理想的现代性转化与创新性发展，既彰显了个人与民族、国家紧密联系、相互依存的关系，又体现了普通民众"天下兴亡，匹夫有责"的担当意识与个人进步、民族复兴相统一的进取精神。《孟子·离娄上》曰："天下之本在国，国之本在家，家之本在身。"[2] 这充分体现了家、国、天下是一个密不可分的统一体。在坚持和发展中国特色社会主义道路的征途中，我们既注重个人利益、重视家庭建设，又坚守国家发展、民族复兴的宏大目标，充分彰显出了千百年来中国人家国一体、家国同构、民富国强、家国天下的价值理想。

3. 中国道路的选择彰显了千百年来中国人与邻为善、热爱和平的价值理想

自古以来，拥有五千年不间断文明的中华民族一直是一个睦邻友好、渴求和平的民族，与邻为善、热爱和平也一直是中华民族绵延千年的价值理想。《尚书·尧典》曾指出："九族既睦，平章百姓，百姓昭明，协和万邦。"[3] 体

---

[1] 习近平：《在会见第一届全国文明家庭代表时的讲话》，载新华网2016年12月15日。
[2] 《孟子》，北方文艺出版社2019年版，第135页。
[3] 《尚书》，广州出版社2001年版，第1页。

现了古人对于各个族群、各个国家和睦相处、友好往来的美好愿望。我们所熟知的"兼爱非攻"思想,亦指出"天下兼相爱则治,交相恶则乱"①,这也体现了古代人们的和平相处、天下太平的美好理想。当代中国,"以和为贵""协和万邦"的传统文化理念依然深深地植根于中国人民的心中,与邻为善、热爱和平的价值理想已刻入骨髓。习近平总书记曾讲:"拿破仑说过,中国是一头沉睡的狮子,当这头睡狮醒来时,世界都会为之发抖。中国这头狮子已经醒了,但这是一只和平的、可亲的、文明的狮子。"②作为一个人口众多的泱泱大国,中国在国际上占有极为重要的地位。但是,中国不是一个具有侵略基因的国家,而是一个具有深厚和平基因的国家,和平理念从古至今一直是中国外交的核心理念,和平共处五项原则也一直是新中国成立以来我国对外交往的基本原则。习近平总书记指出:"中国共产党人深知和平的可贵,也具有维护和平的坚定决心。""中国无论发展到什么程度,都永远不称霸,永远不搞扩张。我们倡议世界各国政党同我们一道,做世界和平的建设者、全球发展的贡献者、国际秩序的维护者。"③坚定不移走和平发展道路是对国际社会中"中国威胁论"的有力回应,是攻破所谓的"修昔底德陷阱"的有力举措。中国特色社会主义道路不仅是一条民族复兴的道路,也是一条和平发展的道路,是一条与邻为善、共创和平的道路。在党的十九大报告中,我们将推动构建人类命运共同体,推动构建相互尊重、公平正义、合作共赢的新型国际关系作为新时代中国外交的重要使命。中国以"两个构建"为重要目标,以"一带一路"为实践平台,加强与世界各国多领域、多层面的共商共建共享,让共建国家可以搭上中国发展的"顺风车",实现中国发展与其他国家发展的统一。在处理与世界各个国家的关系上,中国秉持大国是关键、周边是首要、发展中国家是基础的基本原则,积极与各个国家发展多边合作关系,既努力促进中美关系的稳定发展,又加强与俄罗斯的战略关系;既深化同周边邻国的关系,又恪守与发展中国家的团结合作的基本原则。概言之,中国始终坚持和平共处五项原则,始终坚持和平发展理念,始终坚持和平发展道路,这无疑是当下中国用具体的外交方针政策诠释了千百年来中国人与

---

① 《墨子》,二十一世纪出版社 2015 年版,第 65 页。
② 习近平:《出席第三届核安全峰会并访问欧洲四国和联合国教科文组织总部、欧盟总部时的演讲》,人民出版社 2014 年版,第 25 页。
③ 《习近平谈治国理政》第三卷,外文出版社 2020 年版,第 436-437 页。

邻为善、热爱和平的价值理想。

总起来说，无论是反对分裂、崇尚统一，还是家国同构、民富国强，抑或是与邻为善、热爱和平等等，这些千百年来中国人共同的价值理想犹如一条红线，穿越历史，直通现在，开创未来。在今日之中国，中国人民用自身的具体实践，使这些共同的价值理想在新的历史条件下再次得到了灿烂的彰显。

（二）中国道路的选择是当代十四亿中国人民共同的利益诉求

党的十九大报告指出，"中国特色社会主义道路是实现社会主义现代化、创造人民美好生活的必由之路"①。党的二十大报告再一次指出，"中国特色社会主义是实现中华民族伟大复兴的必由之路"②。建设人民当家作主的社会主义国家，实现社会公平正义，是当代十四亿中国人民共同的利益诉求。中国道路始终以人民为中心，代表了全国人民在多方面多领域的共同利益诉求，是当代十四亿中国人民共同的价值选择。

1. 实现经济高质量发展符合当代十四亿人民共同的经济利益诉求

新中国成立后，我国社会生产力水平比较低，"一穷二白"可以说是当时新中国经济社会现实情况的基本缩影。这一时期，物质生产不足，人民收入水平低下，基本生活条件得不到保障，自身的物质需求无法得到满足，如何让老百姓过上好日子是新中国成立后党和国家的首要任务，也是广大人民群众的根本需求。随着社会主义改造的基本完成、"一五""二五"计划的稳步实施，经过全国人民的共同努力，我们建成了独立的、比较完整的社会主义工业体系和国民经济体系，人民生活普遍得到了改善。十一届三中全会后，我们党把工作重心转移到以经济建设为中心进行社会主义现代化建设上，实行了改革开放政策，推行家庭联产承包责任制，城乡居民收入和生活水平有了明显提高，大部分农村居民解决了温饱问题，出现了城乡经济欣欣向荣的景象。

邓小平同志指出："社会主义的本质，是解放生产力，发展生产力，消灭剥削，消除两极分化，最终达到共同富裕。"③ 就现实的角度而言，全面建成

---

① 《习近平谈治国理政》第三卷，外文出版社2020年版，第13页。
② 《习近平著作选读》第一卷，人民出版社2023年版，第57页。
③ 《邓小平文选》第三卷，人民出版社1993年版，第373页。

小康社会与实现共同富裕的战略构想是一致的,两者之间具有内在联系。全面建成小康社会是对共同富裕思想的深化和发展,两者都是以使十四亿人民共享改革发展成果、进一步满足人民群众对于物质和精神文化的需要为最终目标的。习近平总书记指出:"把人民利益摆在至高无上的地位,不断把为人民造福事业推向前进。""让改革发展成果更多更公平惠及全体人民,朝着实现全体人民共同富裕的目标稳步迈进。"① 共同富裕鼓励一部分地区和一部分人先富起来,然后通过先富带后富的方式实现全体人民共同富裕,而全面建成小康社会倡导的是一个都不能少、一个也不能落下,形成以先富为重点逐步过渡到以实现共富为重点的发展战略,这是一个重大的战略转变,更是将十四亿人民紧紧围在小康社会的奋斗目标的周围,进而致力于实现全体人民共同富裕。改革开放以来,在建设小康社会的过程中,党中央先后提出"三步走"战略、"新三步走"战略以及"两个一百年"奋斗目标,致力于建设一个各领域各方面全面发展、惠及全体人民、满足人民对物质和精神文化的需求的小康社会。正是依据广大人民群众的美好愿望和利益诉求,我国的现代化建设进程历经了从实现温饱到总体小康、全面建设小康社会以及全面建成小康社会的发展阶段。我们党以人民利益诉求为中心,对全面小康提出了更高的标准、更丰富的内涵和更全面的要求,其中,"全面"主要体现在人口和各个领域上。首先,小康社会覆盖人口要全面,不论人们身居城市还是乡村、东部还是西部、南方还是北方、沿海还是内陆,都共同享有全面小康的伟大成果;其次,小康社会是"五位一体"综合发展、全面进步的小康,即无论是经济政治领域还是社会生态领域,抑或是文化领域,都实现协调性全面性的良性发展。

实现高质量发展是当前全面建设社会主义现代化国家的首要任务。当下,我国经济领域的一些新问题和新矛盾涌现,如何很好地满足人民日益增长的美好生活需要成了亟待解决的首要难题。新时代以来,中国正经历走向"强起来"的历史性转变,经济发展从"有没有"转向"好不好",人民的需要也从"物质文化需求"转向"美好生活期待"。在这样的时代背景下,经济高质量发展要以满足人民美好生活需要为出发点和落脚点,解决人民最关心、最

---

① 《习近平谈治国理政》第二卷,外文出版社 2017 年版,第 52-53 页。

直接、最现实的利益问题，满足人民在物质和精神方面的双重需求，坚持发展为了人民、发展依靠人民、发展成果由人民共享。党的二十大报告强调："必须坚持在发展中保障和改善民生，鼓励共同奋斗创造美好生活，不断实现人民对美好生活的向往。"① 从人的主体需求上看，经过改革开放四十多年的积累，我们党带领广大人民群众历史性地解决了绝对贫困的问题，人民群众的基本物质文化需求得到满足。当前，人民群众不仅对物质文化提出了更加个性化、多样化、高层次的需求，对生态、法治、公平、正义等方面的需求也日益提高。我国经济社会的发展必须更加关注"好不好""优不优""精不精"的问题。这就要求我们进一步全面深化改革，提高经济发展的质量和效益，从而更好地满足人民对美好生活的需要，推动人的全面发展。从社会发展的供给角度来看，发展的不平衡不充分倒逼经济高质量发展。当前，我国发展不平衡不充分问题仍然突出，重点领域关键环节的改革任务仍然艰巨，发展的问题主要集中在质量上。因此，必须深化供给侧结构性改革，加快转变经济发展方式，调整经济发展结构，提高发展的质量和效益，推动经济高质量发展，因为这是遵循经济发展规律、保持经济持续健康发展的必然要求，是适应我国社会主要矛盾转化、解决发展不平衡不充分问题的关键举措，是防范化解重大风险、以推进中国式现代化实现中华民族伟大复兴的题中之义。

时代在发展，但是我们党的根本追求却从未改变，那就是为了人民、服务人民。在中国特色社会主义道路不断深化发展的实践进程之中，惠及全体人民的经济发展战略也在不断完善与优化，我们党始终将人民利益作为中国特色社会主义建设的出发点和落脚点，始终以实现全体人民共同富裕为目标。这是经济社会高质量发展的重要目标方向，符合当代十四亿人民的经济利益诉求。

2. 坚持全过程人民民主符合当代十四亿人民共同的政治利益诉求

人民群众在政治上渴望提高政治生活中的地位，渴望行使自己的政治权利。中国特色社会主义道路在政治建设上坚持建设全过程人民民主，体现了人民意志，保障了人民的政治权利，符合当代十四亿人民的共同利益诉求。

革命战争时期，我们党就认识到人民群众是历史创造者，所以深入调查

---

① 《习近平著作选读》第一卷，人民出版社2023年版，第38页。

研究了解群众政治需求，注重民主政治建设，解决群众所关心的政治问题。新中国成立后，我国实行的工人阶级领导的、以工农联盟为基础的人民民主专政的国体和人民代表大会的政治制度切实保障了人民当家作主。改革开放以来，人民群众的收入和生活水平有所提高，在物质方面获得了一定程度的满足，人民群众逐渐表达自己在政治生活方面的诉求，希望提高自身政治地位，丰富政治生活。对此，我国规定公民依法享有政治权利，即依法参与国家政治生活的权利。人民当家作主的制度体系最大限度地实现了我国民主制度的完善优化、民主形式的丰富多样、民主渠道的真实有效，从而有力地保障了人民进行民主选举、民主协商、民主决策、民主管理、民主监督的基本权利，更好地体现人民意志、保障人民权益、激发人民创造精神，保障人民群众依法管理国家事务、经济文化事业和社会事务，切实保障人民当家作主权利落实到位，有力地调动了人民参与社会主义建设的热情，人民群众可以依法行使自己的政治权利，表达自己的利益诉求，真正实现当家作主的愿望，这符合全体中国人民共同的政治利益诉求。

习近平总书记曾指出，"人民当家作主是社会主义民主政治的本质和核心"①。广大人民群众渴望享有更加广泛、更加充分、更加健全的民主、权利和自由，渴望为社会和国家的发展作出自己的贡献，党中央为此作出了一系列社会主义民主政治制度安排，有效满足人民的政治民主诉求，保障人民广泛参与国家治理和社会治理；有效调节国家政治关系，形成安定团结的政治局面；维护国家独立自主和主权完整；等等。社会主义的民主政治，顾名思义，其必须具有极强的人民性、广泛性以及随之而来的真实性、有效性，因为这是社会主义的题中之义。在社会主义中国，健全人民当家作主的社会主义制度体系，发展符合社会主义特征的民主政治，就必须坚持人民性、具备广泛性、保证真实性、达到有效性，用具备稳固性、权威性的制度体系来保证人民群众当家作主的民主权利，最大限度激发人民群众政治参与的积极性，这是中国特色社会主义政治发展道路的集中体现，也是对十四亿中国人民政治利益诉求的积极回应。中国特色社会主义进入新时代，人民对实现自己的民主政治权利的愿望更加强烈，因而，进一步坚持和完善具有中国特色的人

---

① 《习近平著作选读》第二卷，人民出版社2023年版，第530页。

民当家作主的政治制度、建设全过程人民民主、彰显社会主义优势尤为重要。

3. 建设社会主义文化强国符合当代十四亿人民的文化利益诉求

随着我国社会主要矛盾发生历史性的变化，我国人民在具备了一定的物质基础之后，对于精神食粮方面的需求也比以往更加强烈，文化需求呈现出了复杂性、多样化的特征。一方面，人民群众文化需求的内涵和领域不断丰富和扩大，从基本文化需求走向多样化需求。另一方面，人民群众文化需求逐渐提高，人民的期望有了质的转变。人民群众不仅需要满足最基本的文化需要，还需要提高文化生活质量；同时，人民群众的文化情怀不断加深，对文化产品的质量、风格等提出了更高的要求。

新时代建设社会主义文化强国就是要满足人民群众的多样化文化需求，让人民享有多彩的精神文化生活，能够拥有质量优、数量多、品位高的文化产品和服务。中国特色社会主义建设坚持以人为本，不断深化文化事业、文化产业的改革。目前，全国已建成公共图书馆超 3300 个，文化馆和博物馆超 1 万家，新型公共文化空间超 3.35 万个。所有公共图书馆、文化馆、美术馆、综合文化站和 90% 以上博物馆实现免费开放①。新时代以来，覆盖城乡、便捷高效、保基本、促公平的现代公共文化服务体系加快构建，广大群众享受到了更加充实、更为丰富、更高质量的精神文化生活，既推动了我国文化建设上升到一个新的高度，也极大地满足了新时代人民群众对于文化的多样性、时代性需求，更极大地提升了我国人民群众在思想道德、科学文化上的素质与品质。

总之，中国特色社会主义道路坚持发展社会主义文化，推进文化惠民，以高品质的文化产品和服务，不断提高人民的精神境界，为中国式现代化发展凝聚精气神。

4. 增进民生福祉符合十四亿人民共同的社会利益诉求

党的二十大报告指出："为民造福是立党为公、执政为民的本质要求。必须坚持在发展中保障和改善民生，鼓励共同奋斗创造美好生活，不断实现人民对美好生活的向往。"② 随着我国社会主要矛盾转变为人民日益增长的美好生活需要和发展的不平衡不充分之间的矛盾，不断实现人民对美好生活的向

---

① 《新技术点亮公共文化空间》，《光明日报》2024 年 9 月 1 日第 1 版。
② 《习近平著作选读》第一卷，人民出版社 2023 年版，第 38 页。

往、增进民生福祉成为建设中国特色社会主义伟大事业的题中之义和必然要求。增进民生福祉是消除绝对贫困、全面建成小康社会之后我们党对民生建设所提出的新的发展要求和新的发展目标。在全面建成社会主义现代化强国的新征程上，中国共产党要始终坚持以人民为中心的发展思想，在高质量发展中增进民生福祉，把握和处理好发展经济与改善民生的关系，解决好发展不平衡不充分的问题，提升人民群众的获得感、幸福感和安全感，这是符合十四亿人民共同社会利益诉求的战略举措。增进民生福祉有以下几方面具体措施。第一，推动高质量发展，提升人民群众的获得感。人民群众的获得感表现为物质生活和精神生活的全面改善，物质水平和精神境界的全面提升。高质量发展是全面建设社会主义现代化国家的首要任务，没有坚实的物质基础，就不可能改善人民的生活品质。提升人民群众的获得感必须立足新发展阶段，贯彻新发展理念，构建新发展格局，在推动高质量发展中不断增进民生福祉。第二，完善公共服务供给，提升人民群众的幸福感。高品质生活不仅需要以物质条件的显著提升和精神产品的不断丰富为基础，更需要以普惠可及的公共服务为保障。提升人民群众的幸福感，必须加强教育、住房、养老、医疗等民生领域建设，建立公平、可及、普惠、优质的公共服务供给体系，切实增进人民群众的福祉。在教育领域，构筑高质量教育体系，实现从"学有所教"迈向"学有优教"；在住房领域，完善住房保障和租赁制度，实现从"住有所居"迈向"住有宜居"；在养老领域，构建高水平养老服务体系，实现从"老有所养"迈向"老有颐养"；在医疗领域，深化"三医"联动改革，实现从"病有所医"迈向"病有良医"。第三，实现高效能治理，提升人民群众的安全感。治理效能彰显制度优势，只有实现高效能治理，才能全方位提升人民群众的安全感。中国特色社会主义制度和国家治理体系具有多方面的显著优势，把制度优势更好地转化为治理效能，最根本的是要坚持和完善中国共产党的全面领导，发展全过程人民民主，深化体制机制改革，稳步扩大制度型开放，提高社会治理水平，防范化解重大风险。

5. 建设美丽中国符合当代十四亿人民共同的生态利益诉求

人民群众渴望获得良好的生态环境，以满足日益增长的优美生态环境需要。建设美丽中国、倡导建设社会主义生态文明就是对广大人民群众生态利益诉求的有效回应。

随着社会与时代的发展，绿色低碳的生态发展理念逐渐深入人民群众内心。广大人民群众从过去对温饱和发展问题的担忧转向现在对生态和环保问题的担忧，由过去过度追求生产力和经济的发展而忽视生态环境保护转向现在对优美生态环境的期待和对清新空气、清澈水质、清洁环境等优质生态产品的渴望。今天，人民群众高度关注生态环境问题，生态环境在人民群众幸福生活中所占的比重不断升高。人民群众的生态诉求主要有以下几个方面：第一，生态安全诉求。一些工业的发展对生态环境污染严重，危害人民群众身体健康，甚至威胁到人民群众的生命安全。虽然近年来国家出台相关政策治理环境污染，也取得一些成效，但是仍然有亟须解决的雾霾污染、水源污染等影响生活质量和身体健康的问题。第二，工作环境诉求。当前，许多生产环境、工作环境还不达标，也有一些特殊的行业性质会影响劳动者的身体健康。第三，优质生态产品的诉求。随着消费水平的普遍提高，人民群众在衣食住行等基本需求得到满足后，对优质生态产品的需求日益提高。人民群众在饮食方面希望吃到绿色、有机、健康的食品；在住房方面考虑环境舒适度、绿色植被覆盖率；在交通方面更加注重低碳出行方式，讲究环保。

可以说，生态文明建设至关重要，不仅关系到人民福祉，还关系到民族和国家的未来。面对当前日益严重的资源短缺、环境恶化、生态退化的问题，必须坚持尊重自然、顺应自然、保护自然的生态文明理念，坚持人与自然和谐共生理念，维护好人与自然之间的命运共同体，提高人民群众的生态安全指数；必须坚持节约资源和保护环境的基本国策，意识到保护生态环境的重要性，推进绿色发展、循环发展、低碳发展，走生产发展、生活富裕、生态良好的文明发展道路，为人民群众打造绿色工作环境，提高人民群众工作安全指数；必须加快推进生态文明体制改革，解决突出环境问题，加大生态系统保护力度，扩大优质生态产品供给，开拓绿色产品消费市场，以良好的生态环境和优质生态产品提高人民群众的绿色生活质量，使人民群众享有更高标准的生态获得感和幸福感。中国特色社会主义道路坚持立足于当代十四亿人民群众日益提高的生态利益需求，推进生态文明建设，打造良好生态环境，提供优质生态产品，提高人民群众生态获得感、幸福感、满足感，这一切都是"以人民为中心"理念在生态领域的体现，也是中国特色社会主义道路坚持实现人民利益诉求在生态方面的体现。

总体而言，实现高质量发展、坚持全过程人民民主、建设社会主义文化强国、增进民生福祉、建设美丽中国是今天十四亿中国人民在经济、政治、文化、社会和生态方面共同的利益诉求，而只有坚持走中国特色社会主义道路，才能实现全体人民在各方面共同的利益诉求。

（三）中国道路彰显社会主义现代化的独特优势

中国的现代化是中国的经济、政治、文化、社会、生态文明建设向现代改革、发展、演变的过程。把中国建设成富强民主文明和谐美丽的社会主义现代化强国是几代中国共产党人始终不渝的奋斗目标。为了实现这一宏伟目标，在不同历史时期，中国共产党人根据我国的实际情况和基本国情对社会主义现代化建设的实际进程提出了一系列接续奋斗的具体目标，也进行了一系列伟大的实践探索，集中彰显了中国道路的独特优势。

1. 集中统一的管理彰显中国道路的领导优势

中国是一个人口众多、幅员辽阔的多民族国家，这种基本国情条件下凸显了通过一个强有力的领导集体、一个强有力的领导核心进行集中统一管理的领导优势。正如习近平总书记所指出的："办好中国的事情，关键在党。中国特色社会主义最本质的特征是中国共产党领导，中国特色社会主义制度的最大优势是中国共产党领导。"[①] 实践证明，中国共产党的集中统一领导是人民幸福安康、社会安定有序、国家长治久安的根本保证，是我国相较于其他国家所具有的无可比拟的独特优势。我们之所以能在重大的危机事件中做到集中的统一管理，做到及时的科学应对，这主要依靠于中国共产党的科学统筹、有力领导，依靠于我们具有优越性的举国体制。通过一次又一次的重大危机事件的灵活应对，我们不难认识到，中国共产党的领导是人民安居乐业、社会和谐有序、国家长治久安的最坚实的保障，是我们民族得以生生不息、日益强大的基石，是相较于西方国家独一无二的巨大政治优势。正如党的十九届四中全会中所指出的，要"坚持党的集中统一领导，坚持党的科学理论，保持政治稳定，确保国家始终沿着社会主义方向前进的显著优势"[②]。当今世界潮流纷繁复杂，各种意识形态文化相互交流激荡，如何能在波涛汹涌的世界海洋中站稳脚跟、守住方向、逆流而上？唯有坚持和加强党的全面领导，

[①]《习近平谈治国理政》第二卷，外文出版社 2017 年版，第 43 页。
[②]《中国共产党第十九届中央委员会第四次全体会议文件汇编》，人民出版社 2019 年版，第 5 页。

才能坚守住社会主义的正确方向，才能最大限度地发挥好社会主义制度的巨大优势，才能有"坚持全国一盘棋，调动各方面积极性，集中力量办大事的显著优势"①。实践证明，集中统一的管理是适合中国基本国情的，它充分彰显出了中国特色社会主义道路的政治优势和领导优势。

2. 高水平社会主义市场经济体制彰显中国道路的制度优势

1992年，邓小平同志在南方谈话中就曾指出"计划经济不等于社会主义，资本主义也有计划；市场经济不等于资本主义，社会主义也有市场"②，基于此，我国逐渐建立起了社会主义经济发展新模式，即社会主义市场经济体制。社会主义市场经济体制，是社会主义基本制度与市场经济的融合，是人们适应实践新需要的创新创造，是党和人民智慧的结晶，因为这样的一种经济体制，既是对社会主义基本原则的坚定遵守，又是对市场灵活性的高度展现。我们既可以通过政府科学高效的宏观调控最大限度地减少市场带来的滞后性、盲目性等缺陷，亦可以通过市场最大限度地激活经济，调动生产积极性，释放经济发展新活力。实践证明，通过社会主义市场经济体制，我们解放和发展了生产力，激发了各类市场主体的活力，全面建成了小康社会，如期实现了第一个百年奋斗目标。

西方资本主义国家是最先运用市场的，其采取自由竞争的方式，在充分享受到自由市场所带来的各种红利的同时，也悄然滋生了诸多无法避免的矛盾和危机。而中国所实行的社会主义市场经济体制，实现了社会主义制度根本前提下的市场经济的迅速发展。在此基础之上，党的二十大在新形势下提出"构建高水平社会主义市场经济体制"，实际上是在更高起点、更高层次、更高目标上提出了推进经济体制改革的新要求。构建高水平社会主义市场经济体制，就是要处理好政府和市场的关系，加快建设高标准市场体系，依法规范和引导资本健康发展。一方面，要在保证市场发挥决定性作用的前提下，发挥好政府作用；另一方面，要充分发挥我国超大规模市场优势，建设统一开放、竞争有序、制度完备、治理完善的高标准市场体系。党的二十届三中全会再一次强调构建高水平社会主义市场经济体制，并将其作为中国式现代化的重要保障，彰显出了社会主义市场经济体制下中国特色社会主义道路实

---

① 《中国共产党第十九届中央委员会第四次全体会议文件汇编》，人民出版社2019年版，第5页。
② 《邓小平文选》第三卷，人民出版社1993年版，第373页。

践的制度优势。

3. 推进全面深化改革彰显中国道路的动力优势

改革是社会主义制度的自我完善与自我发展，是社会主义社会持续发展的不竭动力。从改革开放以来的经济体制改革以及与之相适应的政治体制与其他体制的改革到党的二十届三中全会以来的全面深化改革、推进中国式现代化，改革犹如一条红线贯穿了中国社会发展的过去、现在与未来。"除旧"方能"迎新"，只有通过全面深化改革，我们方能在坚持社会主义制度的基本前提下将那些不适应生产力发展的生产关系、不适应经济基础的上层建筑加以改变、完善、优化，才能使我们的制度体制和机制在一次又一次自我发展与完善中实现"迎新"，获得新生。在坚持和发展中国特色社会主义道路的过程中，党带领广大人民以巨大的政治勇气与责任担当，切实推进各个领域、各个层次的改革，实现我国改革的横向拓展与纵向延伸，形成了多领域、多层次的立体化改革布局，提升了我国经济社会发展的生机与活力。

当今世界经济发展乏力，许多国家都进入了经济发展的疲惫期与瓶颈期，而中国却通过全面深化改革有力地消除了限制发展的弊端和藩篱，为我国经济的高质量、可持续性的发展注入了源源不断的新动力与新活力。在全面深化改革的深度推进的过程中，不论是经济体制改革，还是与之相适应的政治体制改革以及其他方面的改革，我们都始终坚持了整体与部分的协调推进，坚持了顶层设计与"摸着石头过河"统筹并进，坚持了改革、发展、稳定的相互协调。正因为牢牢遵循了这些基本原则，我们的全面深化改革才能做到追其根源、溯其根本、直面问题，才能做到一分部署九分落实、掷地有声，才能做到稳中有进、进中有定、定中有力。在今天的中国，改革是我们社会发展的"源头活水"，唯有促创新、促发展的改革才是社会大机器不停运转的持续性动力。改革开放四十多年来，我们通过改革使我们的经济体制、政治体制等其他方面的体制适应时代形势的变化与发展，愈加走向完善和优化，使我们的国家和社会的运行在稳定有序中始终充满了生机与活力。这样的历史性成就，无疑向世界彰显出了中国道路的动力优势，即"坚持改革创新、与时俱进，善于自我完善、自我发展，使社会始终充满生机活力的显著优势"[①]。

---

① 《中国共产党第十九届中央委员会第四次全体会议文件汇编》，人民出版社 2019 年版，第 20-21 页。

4. 推进全过程人民民主彰显中国道路的政治优势

人民民主是社会主义的生命，是社会主义民主政治的核心内容。与西方的"金钱民主"不同，我国民主政治的践行是通过人民代表大会制度让广大人民选举出自己的当家人去更好地保障广大人民群众的整体性、长远性的利益。实践证明，中国特色社会主义民主是适应我国的基本国情的，其本身具有西方民主所不具备独特优势，即我们的民主是民主集中制原则下民主与集中的高度统一，是对广大人民民主与对少数敌人专政的统一，是程序民主与实质民主的有机统一。习近平总书记曾指出，"发展社会主义民主政治就是要体现人民意志、保障人民权益、激发人民创造活力，用制度体系保证人民当家作主"①。在我国，我们通过人民代表大会制度的政体去保证国体的不变色，同时辅以基本政治制度以扎实推进我国的社会主义民主政治进程。在坚持和发展中国特色社会主义道路的过程中，我们不仅需要大力发展生产力满足人民群众的物质需求，还需要在政治建设上保障人民群众当家作主的基本权利，真正做到了有事好商量、众人的事情由众人商量。我国的社会主义民主保证了人民当家作主的基本权利，维护了广大人民的根本利益，具有广泛而深厚的群众基础。

时代在不断地发展，中国特色社会主义道路的内涵也在不断地丰富与深化。改革开放以来四十多年的发展中，我们取得了举世瞩目的巨大成就，这些成就的取得来源于我们所选择的这条道路，来源于这条道路所彰显出来的巨大优势，即通过集中统一管理所彰显的领导优势、通过社会主义市场经济体制所彰显的制度优势、通过全面深化改革所彰显的动力优势以及通过全过程人民民主彰显的社会主义民主政治优势，正是这些特有的优势助推了我国现代化的进程，使得我们离实现中华民族伟大复兴的梦想更近了一步。

三、科学合理性与价值正当性的统一

中国特色社会主义道路是在独特的文化传统、历史命运、国情条件下合乎逻辑的选择，是一条马克思主义的国家发展道路，更是一条人民的发展道路，正因为如此才得以彰显了其道路的科学合理性和价值正当性。

---

① 《习近平著作选读》第二卷，人民出版社2023年版，第29页。

(一) 中国特色社会主义道路是一条马克思主义的国家发展道路

马克思主义是无产阶级关于人类解放的学说，揭示了人类社会发展规律，为世界各国的发展提供了理论指导和参考。中国共产党自成立以来，始终高举马克思主义伟大旗帜，毫不动摇地坚持马克思主义指导思想，领导人民在革命、建设、改革的过程中克服艰难险阻，最终取得成功。当然，我们党在坚持马克思主义指导思想的同时，将其与中国具体实际相结合，经过深入思考、摸索、实践，带领人民找到了新民主主义革命道路、社会主义革命道路、社会主义建设道路以及中国特色社会主义道路，从根本上改变了中华民族和中国人民的命运，迎来了中华民族从站起来、富起来到强起来的伟大飞跃。近代以来，中华民族深受帝国主义的压迫和侵略，逐渐沦为半殖民地半封建社会。面对民族危机，无数仁人志士投身于救国运动中，其中包括农民阶级的太平天国运动、地主阶级的洋务运动、资产阶级改良派的维新变法运动以及资产阶级革命派的辛亥革命运动，但是均以失败而告终，并未改变国家和人民命运。而农民阶级、地主阶级、资产阶级失败的根本原因是没有先进理论的指导，无法代表先进的社会思想，不能揭示社会的本质和发展规律。1917年十月革命的一声炮响，把马克思主义传入中国，给中国带来了先进的理论指导。1919年五四运动使工人阶级作为独立的政治力量登上了历史舞台。1921年中国共产党成立，其在马克思主义理论的指导下，进行革命、建设和改革，实现国家独立、民族解放，彻底改变了国家和民族的命运。

马克思主义是对人类社会历史发展规律的揭示，是在实践和发展中创造的理论成果，是无产阶级和全人类的思想宝库，是指导无产阶级的科学世界观和方法论，是无产阶级争取自身解放和整个人类解放的科学理论。中国共产党能够取得革命、建设、改革成功的一个重要原因就是马克思主义的指导，因为马克思主义是科学的世界观和方法论。首先，马克思主义是科学的世界观，它揭示出自然界、人类社会、人类思维发展的普遍规律，以及人类社会发展的一般规律，为人类认识世界提供了科学的依据，也为全人类解放指明了方向。共产党人掌握了人类社会发展规律，从而更深刻地认识到共产党执政规律和社会主义建设规律。其次，马克思主义是科学的方法论。马克思主义的根本方法是辩证唯物主义和历史唯物主义，它们是马克思主义理论的基础和核心，是我们正确地认识世界和改造世界的强大思想武器。最后，马克思主义是正确的价值观。马克思主义植根于人民，是人民的理论。马克思主义揭示出人民群众是历史的创造者，是社会发展进步的推动力量，致力于实现人的自由全面发展。马克思主义是我们党和国家的根本指导思想，《中国共产党章程》中明确规定："党的最高理想和最终目标是实现共产主义。""中国共产党以马克思列宁主义、毛泽东思想、邓小平理论、'三个代表'重要思想、科学发展观、习近平新时代中国特色社会主义思想作为自己的行动指南。"[1] 党章中明确规定了中国共产党是无产阶级政党，我们党所追求的共产主义最高理想也正是马克思主义指导无产阶级所追求的理想社会和全人类的解放。坚持用马克思主义武装全党是我们党最显著的标志和最鲜明的品格，也是全党全国人民团结一致，始终沿着正确方向前进的根本思想保证。中国化的马克思主义，即毛泽东思想、邓小平理论、"三个代表"重要思想、科学发展观、习近平新时代中国特色社会主义思想，是我们党将马克思主义基本原理和中国实际相结合所创造的理论成果，是对马克思主义的继承与发展。在意识形态上，坚持马克思主义在意识形态领域的指导地位，坚持在马克思主义中国化的理论成果的指导下建设中国特色社会主义伟大事业，是我们党始终坚持的基本准则。正如习近平总书记在纪念马克思诞辰 200 周年的讲话中所讲的："历史和人民选择马克思主义是完全正确的，中国共产党把马克思主义写在自己的旗帜上是完全正确的，坚持马克思主义基本原理同中国具体实际相结合、不断推进马克思主义中国化时代化是完全正确的！"[2] 我们发生的历史性变革、取得的历史性成就，得益于一个最基本的原则，那就是坚定不移地坚持和发展马克思列宁主义。

坚持马克思列宁主义指导的中国道路是一条与时俱进、不断创新的国家发展道路。马克思主义是科学的、开放的理论，正如恩格斯所说："马克思的整个世界观不是教义，而是方法。"[3] 中国在革命、建设、改革的过程中取得成功的重要原因是党始终坚持在马克思主义基本原理的指导下，结合中国革命、建设、改革的实际情况进行大胆创新创造，坚持马克思主义、发展马克思主义，其中，马克思主义中国化的最新理论成果就是最好的证明。

（二）中国特色社会主义道路是一条以人民为中心的国家发展道路

中国共产党自成立之日起始终坚持站在人民的立场，重视发挥人民群众

---

[1] 《中国共产党章程》，人民出版社 2022 年版，第 1 页。
[2] 习近平：《在纪念马克思诞辰 200 周年大会上的讲话》，人民出版社 2018 年版，第 14-15 页。
[3] 《马克思恩格斯选集》第四卷，人民出版社 2012 年版，第 664 页。

的历史作用。尤其是党的十八大以来，习近平总书记在多次重要会议上提到以人民为中心的理念，形成了以人民为中心的发展思想。2017年，在党的十九大报告中"人民"一词出现了200多次，在十九届四中全会上更是创造性地将以人民为中心作为我国国家制度和国家治理体系的优势之一。以人民为中心的发展思想是我们党对以人为本、执政为民理念的深化发展，而中国特色社会主义道路就是一条人民的道路。

以人民为中心的理论来源是马克思主义的唯物史观。唯物史观是马克思一生中最伟大的两大发现之一，它揭示了人民群众创造社会物质财富和精神财富，是社会变革的决定力量，人民群众是历史的创造者，是历史发展的推动力量。马克思主义始终代表无产阶级利益，维护人民群众利益，致力于实现人的全面自由发展，提出每个人的自由发展是一切人自由发展的前提条件，这也成为马克思主义政党不懈奋斗的价值追求。

新民主主义革命时期，中国共产党带领人民求解放。我们党自诞生以来，带领人民团结一致奋勇抗战，取得了抗日战争和解放战争的伟大胜利。可以说，正是以毛泽东同志为主要代表的中国共产党人在中国革命中坚持捍卫人民群众的根本利益、走群众路线、团结一切可以团结的力量，才能实现革命的最终胜利，建立了新中国。这一时期，只有推翻帝国主义与封建主义这两座压在人民身上的大山，才能使中国人民从帝国主义和封建主义的枷锁中彻底解放出来，建立起人民当家作主的国家制度，使人民真正地翻身成为国家的主人，这是我国开启社会主义道路的根本前提。

社会主义革命和建设时期，中国共产党带领人民自力更生、发愤图强。这一时期，我们党带领人民进行社会主义革命，确立社会主义基本制度，迈入了由社会主义革命到社会主义建设的历史时期；我们党带领全国各族人民实现了从一穷二白到具有独立的、比较完整的工业体系和国民经济体系的转变，实现了社会主义建设在满足人民基本生活需求、基本工业生产以及军事国防领域建设上的重大突破。随着社会主义制度、根本政治制度、基本政治制度等各项制度的逐步确立，人民当家作主的主人翁地位得到了有效保障，这极大地激发了广大人民群众投身于社会主义现代化建设的积极性和主动性，同时为中国特色社会主义建设提供了根本政治前提和制度保证。

改革开放与社会主义现代化建设新时期，中国共产党带领人民从中国实际出发走自己的中国特色社会主义道路。1978年，党的十一届三中全会开启了社会主义现代化建设的新征程。经济上，中国共产党着眼于人民生活水平的提高，邓小平同志强调提高人民生活水平是党和国家最大的事情和最大的政治，指出"社会主义的本质，是解放生产力，发展生产力，消灭剥削，消除两极分化，最终达到共同富裕"①，并强调我国的现代化"必须从中国的特点出发"②。这一时期，我们党在社会主义建设实践的基础上大力推进各方面的创新，创立了社会主义市场经济体制，以维护人民群众的根本利益为出发点来推动社会生产力的快速发展，实现了人民生活从温饱向总体小康的跨越，逐渐开辟出了中国特色社会主义道路，并实现了这条道路的深入拓展。

新时代，中国共产党为人民谋复兴。党的十八大以来，以习近平同志为核心的党中央始终坚守人民立场，经济上，着力推动经济高质量发展，实现国家经济实力大幅提升和人均收入水平的迅速提高；政治上，推动国家治理体系和治理能力现代化的深刻变革，发展全过程人民民主，使人民主体地位进一步彰显、人民政治参与更加主动、人民权利得到充分保障；文化上，坚持马克思主义在意识形态领域的指导地位，积极培育社会主义核心价值观，传承中华优秀传统文化和社会主义先进文化，使人民文化素养不断提高、文化自觉和文化自信明显增强、精神需求不断得到满足；社会建设上，积极推动社会治理体系建设，实现社会和谐有序和人民生活安定；生态文明建设上，着重推动绿色发展，促进人与自然和谐共生，人民生态保护意识和绿色生产生活意识不断增强。可以说，这一切都是中国共产党百年来始终如一的"我将无我，不负人民"③的人民情怀的有力彰显。

中国特色社会主义道路是历史的选择，是人民的选择，是马克思主义指导下的以人民为中心的国家发展道路。2013年，国家主席习近平在莫斯科国际关系学院发表重要演讲时指出，"鞋子合不合脚，自己穿了才知道"④。选择什么样的发展道路？必须选择适合自身的道路，而鞋子合适不合适，旁人不应干涉也无须干涉。广大中国人民的选择和认可是中国特色社会主义道路的合理性和价值正当性的根本体现。中国特色社会主义道路恰恰是一条人民的道路，其也是社会主义价值和优势的有效彰显。

---

① 《邓小平文选》第三卷，人民出版社1993年版，第373页。
② 《邓小平文选》第二卷，人民出版社1994年版，第164页。
③ 《习近平著作选读》第二卷，人民出版社2023年版，第250页。
④ 《习近平著作选读》第一卷，人民出版社2023年版，第105页。

结　语

中国道路来之不易。它的形成、发展和路径选择与中国的文化、历史、国情有着紧密的逻辑联系，呈现出道路选择的内在统一性。其中，独特的文化传统是文化底蕴，独特的历史命运是历史渊源，独特的基本国情是现实基础，三者统一于中国特色社会主义道路选择的基本依据，彰显"三位一体"的统一性逻辑。

第一，独特的文化传统是中国特色社会主义道路选择的文化底蕴。五千年中华文化发展的历史长河中蕴含了与中国特色社会主义共同理想相契合的精神文化因子，这些文化因子在中国道路的选择中发挥了重要作用，在中国特色社会主义道路的具体实践中也产生了重要影响。其一，"天下大同""天下为公"的美好理想是千百年来中国人孜孜以求的美好理想，它所追求的人人团结友爱、家家户户安居乐业、无差别无战争、人人为公的理想社会和马克思所设想的物质极大丰富、无差别劳动、各尽所能按需分配、社会关系高度和谐、人的自由全面发展的共产主义社会相契合，和中国特色社会主义道路的发展目标与价值追求相统一，孕育了当代中国道路的发展雏形。其二，中国人自古以来强调民本，民本思想在封建时期的中国尤为盛行，封建统治者们在民本文化的影响下认识到"得民心"的重要性，进而实施轻徭薄赋、勤政爱民的政策。近代以来的中国知识分子在古代民本思想基础上认识并借鉴了西方的民主思想，从而铸就了今天国人对社会主义民主的追求，形成了"为人民服务""执政为民""发展为了人民，发展依靠人民，发展成果由人民共享"等人民当家作主的社会主义民主思想、施政准则和发展理念。中国古代的民本文化也成为当代中国特色社会主义道路坚持好、维护好、发展好最广大人民根本利益的文化资源。其三，五千年悠久的古老文明中到处体现着人与人、人与自然、人与社会之间的"和"文化传统。在人与自然的关系上，"和"文化思想强调"天人合一"，认为人与自然之间的关系并非征服与被征服的关系，而应该是和谐统一的。在人与人、人与社会的关系上，"和"文化思想注重人际关系的和谐，强调"以和为贵"，强调人与人以及人与社会之间的和谐相处。古代中国的"和"文化无论是在今天党和国家提出的构建社会主义和谐社会、建设美丽中国和建设社会主义生态文明方面，还是在建设新型国际关系、构建"人类命运共同体"方面等都具有重要意义，和谐、和平发展也因此成了当代中国特色社会主义道路实践中所秉持的基本理念。其四，中华民族精神是在中华民族数千年的文明史中积淀而成的，是中华文化的精髓，是中华民族之魂。在五千年漫长的历史长河中流传下来了许多脍炙人口的佳句和英雄事迹，诸如"天行健，君子以自强不息""先天下之忧而忧，后天下之乐而乐""苟利国家生死以，岂因祸福避趋之"等，以及岳飞精忠报国的爱国故事、文天祥英勇就义的故事等，这些都成为人们耳熟能详并不断学习和模仿从而影响价值观念和行为活动的重要因素，是中华民族精神发挥作用所不可缺少的重要载体。其中，爱国主义是中华民族精神的核心。跨越五千年的历史长河，饱含着爱国主义内核的中华民族精神凝聚起了全体中国人民，使中华民族渡过了一次又一次危机和劫难。以"红船精神""井冈山精神""延安精神""大别山精神""西柏坡精神""长征精神"为代表的革命精神和以"'两弹一星'精神""大庆精神""雷锋精神""载人航天精神""抗洪精神""创业精神"为代表的社会主义建设时期的奋斗精神，都是中华民族在新的时代条件下进行社会主义建设的过程中所创造出来的强大的精神财富，它们融入具体实践中，成了国家和广大人民选择中国特色社会主义道路的信念支撑。其五，中华传统美德有着悠久的发展演变历史，蕴含着丰富的思想内涵，主要包括忠公爱国、仁爱无私、助人为乐、诚实守信、严己宽人、谦虚礼貌、敬重父母、慈孝统一、勤学求索、勤俭节约、刚直勇敢等具体内容。中华传统美德在长期的传承过程中具有自己的特色，体现在精神重于物质、个人服从集体、心怀天下与崇尚仁德、提倡和谐与爱好和平、注重道德修养和理想人格的形成等高尚的精神和情怀等方面。这些蕴含着丰富内涵的传统美德在当代中国社会中依然发挥着重要作用，与当代中国道路实践中所倡导和弘扬的价值理念与美德教育有着重要的契合之处。

第二，独特的历史命运是中国特色社会主义道路选择的历史渊源。近代以来中国人民长期遭受帝国主义的侵略和封建势力的剥削，无数仁人志士所探索的救亡图存方法和路径都失败了，只有中国共产党领导全国人民走革命、建设和改革的道路获得了成功。中国的新民主主义革命道路、社会主义革命与建设道路与中国特色社会主义道路一脉相承，是一个有机整体，不容割裂。其一，新民主主义革命道路是中国特色社会主义道路选择的历史基础。这条革命道路，是中国共产党在总结中国革命长期斗争的有益经验和失败教训的基础上，第一次把马克思主义基本原理与中国革命形势相结合，成功探索出的一条适合我国国情的革命道路。其二，社会主义革命和社会主义建设道路实践的探索为后来我们党和国家进行中国特色社会主义道路的选择积累了历史经验。社会主义革命时期对于落后条件下如何进行社会主义改造的艰难摸索证明中国共产党在独特的中国国情条件下对于如何确立社会主义制度进行社会主义国家建设有了深入的思考。社会主义建设时期，我们党在落后条件下取得了一些成果，也遭遇了挫折，有成功的经验，也有失败的教训。一方面，经济上我国建立起了独立的比较完善的工业体系和国民经济体系，在政治上建立了人民代表大会制度、中国共产党领导的多党合作和政治协商制度等一系列基本政治制度，真正实现了人民当家作主，极大地增强了我国的国防实力，提升了我国的国际地位。另一方面，由于社会主义建设理论与实践上的缺乏经验以及国际环境的影响，我们党在社会主义建设探索中出现了认识和实践上的重大失误。习近平总书记曾说道："在中国这样的社会历史条件下建设社会主义，没有先例，犹如攀登一座人迹未至的高山，一切攀登者都要披荆斩棘、开通道路。"[①] 虽然在社会主义建设道路的探索时期出现了一些失误，造成了严重的损失，但是这也为党在社会主义建设方面提供了宝贵的经验和教训，使中国共产党真正弄懂了"什么是社会主义、怎样建设社会主义"等一系列重大问题，进而及时纠正错误，并于1978年作出了改革开放的伟大决策，为后来中国特色社会主义道路的成功开辟与顺利进行创造了极其有利的条件、奠定了重要的基础。其三，十一届三中全会以后，以邓小平同志为核心的党中央，在总结社会主义建设正反两方面经验教训的基础上，指出要"把马克思主义的普遍真理同我国的具体实际结合起来，走自己的道路，建设有中国特色的社会主义"[②]，坚持以经济建设为中心，坚持四项基本原则，

[①] 习近平：《在纪念毛泽东同志诞辰120周年座谈会上的讲话》，人民出版社2013年版，第11页。
[②] 《邓小平文选》第三卷，人民出版社1993年版，第3页。

坚持改革开放，由此形成了"一个中心，两个基本点"的基本路线，这也标志着中国特色社会主义道路的成功开辟。随着社会主义市场经济体制的逐步确立、党的建设的逐步推进和加强以及"以人为本"的科学发展观的贯彻落实，中国特色社会主义道路实践实现了更加科学全面的拓展。新时代以来，以习近平同志为核心的党中央审时度势，对今天中国所面临的新问题、新挑战沉着应对，对如何进一步发展中国特色社会主义的认知提升到了一个新的高度。习近平总书记在带领全国人民进行大刀阔斧的改革实践中，提出了"中国梦""五位一体""四个全面""新发展理念""新时代现代化两个阶段发展目标"等一系列顶层设计和战略布局，在实践和摸索中理清了发展思路，拓展了发展范围，锁定了发展目标，形成了在今天具有重要指导作用的习近平新时代中国特色社会主义思想，使科学社会主义在新时代的中国焕发出了巨大的生机，使这条道路在实践进程中取得了前所未有的成就。今天，我们在经济上已经稳居世界第二大经济体，对世界经济增长贡献率超过30%；各领域各方面制度框架基本确立并逐渐完善，民主法治建设迈出重大步伐；思想文化建设进一步繁荣发展，文化自信不断增强，中国的国家文化软实力和影响力不断提升；人民生活不断改善，脱贫攻坚战取得全面性胜利，社会大局保持稳定；生态文明建设成效显著，成为全球生态文明建设的重要参与者、贡献者、引领者；中国特色大国外交凸显大国风范，形成全方位、多层次、立体化的外交布局，对世界和平与发展作出新的重大贡献。

第三，独特的基本国情是中国特色社会主义道路选择的根本依据。社会主义初级阶段是现阶段我国最大的国情和实际，它规定了我国的国家性质，表明了我国社会的发展程度，揭示了现阶段中国社会的国情特点，是中国特色社会主义道路选择之根本。其一，社会主义初级阶段基本国情是中国特色社会主义道路生成的逻辑起点。我们党关于中国革命道路的选择源于对中国国情和革命的清醒认识，即将国情作为"认清一切革命问题的基本的根据"[①]。实践也证明正是因为认清了中国国情，进而正确认识了中国革命的基本任务、主要对象、根本性质等问题，我们党才找到了这条能够带领广大人民从水深火热中解脱出来、实现民族和国家独立的革命道路。这是我们党带领全国人

---

① 《毛泽东选集》第二卷，人民出版社1991年版，第633页。

民取得革命胜利的经验,弥足珍贵。新中国成立后,面对着十分落后的经济形势和一穷二白的国家状况,毛泽东同志也认识到了这一时期我国国情状况的复杂性,强调"要建成社会主义社会,并不是轻而易举的事"[①]。新中国成立初期的基本国情决定了当时中国必须走具有中国特色的社会主义建设道路。继而,从各项事业百废待兴、各项建设举步维艰到第一个五年计划的实施,中国共产党人从国情实际出发集中力量建设社会主义,为我国工业化进程打下了坚实基础。虽然我们党也曾因为对国情的误判使社会主义建设一度陷入挫折,但是改革开放以来中国共产党人对社会主义初级阶段基本国情的重新认识和准确把握也铸就了中国特色社会主义道路四十年所取得的骄人成绩。回顾历史,中国共产党全面深刻地认识和把握了中国半殖民地半封建社会的基本国情,才正确解决了新民主主义革命的对象、任务、性质、动力和前途问题,取得了中国革命的胜利与成功;新中国成立后,中国共产党在探索进行社会主义革命和建设的道路上取得了成绩、获得了有效经验,主要原因在于正确认识和把握了国情;中国共产党在社会主义现代化进程中出现失误和挫折也主要是由于没有正确分析国情、对国情把握失误。依据我国国情实际,我们选择了中国特色社会主义道路,这条道路孕育、形成并发展于中国的革命、建设和改革进程之中,它拥有五千年优秀文化传统的历史积淀,反映了鸦片战争以来中国人民苦苦追寻国富民强的心理诉求,涵盖了新中国成立后中国共产党人对社会主义建设的一次又一次摸索实践,总结了四十多年来我国社会面貌呈现天翻地覆变化的宝贵经验。它是一条全面协调可持续的社会主义现代化道路,以中国共产党的领导为基本前提,以社会主义初级阶段基本国情为现实依据,以"一个中心、两个基本点"为核心,以"五位一体"为总布局,以富强民主文明和谐美丽的社会主义现代化强国为奋斗目标,全面揭示了当代中国在社会主义初级阶段基本国情条件下要走什么道路、如何走这条道路以及最终指向什么样的发展目标等一系列问题。其二,社会主义初级阶段基本国情是中国特色社会主义道路开辟的根本依据。首先,社会主义初级阶段的基本国情表明了质的规定性,即表明了我国的社会性质是社会主义而不是其他性质的社会;其次,它体现了量的程度性,即明确了我国社

[①] 《毛泽东文集》第六卷,人民出版社1999年版,第390页。

会的发展是处在初级的水平而非处于其他先进发达的发展时期；再次，它彰显了个体的独特性，即"特指我国在生产力落后、商品经济不发达的条件下建设社会主义必然要经历的特定阶段"①，而并不是世界上所有国家在迈入社会主义的过程中都要去经历的历史过程。可以看出，社会主义初级阶段的基本含义既对我国的国家性质作出了总体规定，又对我国社会的发展水平和成熟程度作出了总体判定。中国特色社会主义道路之所以取得了丰硕的成绩，最重要的原因就是我们党遵循了富有中国特色的初级阶段基本国情，并且将基本国情和时代特征与马克思主义相结合走出了一条具有中国特色的社会主义道路。当前，我们党仍然强调，"我国仍处于并将长期处于社会主义初级阶段的基本国情没有变"②，而且这一国情仍然是现在乃至未来一段时期我们党带领全国各族人民走中国道路、建设中国特色社会主义的逻辑起点和现实基础。国情是道路选择的根本依据，我们要深刻把握和牢牢坚持。无论是苏维埃式的传统社会主义道路，抑或是西方的资本主义发展道路，都是各国人民在各自不同的国情条件下所作出的不同选择。中国特色社会主义道路的选择同样也与国情密切相连，它的开辟是以初级阶段国情为基本立足点的，它的发展是以初级阶段国情为根本依托的。改革开放以来，中国共产党肩负着国家富强、人民富裕的历史任务，历经了"走什么样的路"的痛苦抉择，重新认识和准确把握了当代中国社会主义初级阶段的基本国情，开辟了建设有中国特色的社会主义的道路。中国道路的探索实现了凤凰涅槃式重生，中国特色社会主义道路应运而生。其三，社会主义初级阶段基本国情是中国特色社会主义道路发展的根本前提。只有建立在国情基础上的中国特色社会主义道路才是科学、正确、合理的，我们选择的这条道路也只有符合并适应初级阶段的基本国情才能够长久走下去，永葆活力。首先，社会主义初级阶段的基本国情决定了中国特色社会主义道路是一条改革开放之路。十一届三中全会之后，我们实行了改革开放的伟大举措，我们党对政治、经济、文化、社会等各个领域进行了适合国情的改革探索，这一系列在符合国情特性基础上进行的创新创造、具有中国特色的改革措施使社会生产力从不合理的生产关系中解放了出来，实现了经济社会的快速发展和全面进步。其次，社会主义初

---

① 《十三大以来重要文献选编》上册，人民出版社1991年版，第12页。
② 《习近平著作选读》第二卷，人民出版社2023年版，第10页。

级阶段的基本国情决定了中国特色社会主义道路是一条科学协调可持续发展之路。这条道路以"五位一体"为总体战略布局，从我国初级阶段发展程度的国情特性出发，将建设社会主义市场经济、社会主义民主政治、社会主义先进文化、社会主义和谐社会和社会主义生态文明作为相互联系、相辅相成、协调促进的有机整体，凸显了中国特色社会主义道路科学协调发展的特质，是我们党在新时期对中国特色社会主义建设所作出的总体规划和战略部署。再次，社会主义初级阶段的基本国情决定了中国特色社会主义道路是一条以人为本实现全体人民共同富裕的道路。党的十八大报告中的一个新变化就是将"促进人的全面发展，逐步实现全体人民共同富裕"[①] 写入中国道路的基本内容当中，这既表明了我们党将人民的生存和发展作为建设中国特色社会主义的基本出发点，又说明了在当前改革的关键阶段我们党对于人民群众收入分配差距问题有着清醒冷静的认识。中国特色社会主义道路是一条以人为本、实现共同富裕的发展道路。这一道路特质既由社会主义初级阶段的国情特性决定，又体现了新时期我们党在社会主义初级阶段基本国情条件下对中国道路基本内涵的丰富和发展。最后，初级阶段的基本国情决定了中国特色社会主义道路是一条社会主义国家实现现代化之路。当代中国道路没有照搬照抄别国的发展模式，既吸收了发达资本主义国家的文明成果，也借鉴了其他国家的经验和教训，创造性地提出建设中国特色社会主义，并把实现国家富强、人民当家作主、社会高度文明、人与自然和社会的和谐发展作为我国社会主义现代化建设的具体目标，既符合了世界各国人民为实现现代化努力奋斗的时代潮流，又体现了中华儿女富国强国的美好夙愿。中国特色社会主义道路以实现现代化为根本目标，从社会主义初级阶段的基本国情出发，既将中国式现代化进程置于世界现代化进程之中，又赋予了其鲜明的中国特色。

第四，中国特色社会主义道路的选择彰显"三位一体"的统一性。中国特色社会主义道路的选择具有内在逻辑关联性，文化传统、历史命运、基本国情三者统一于中国特色社会主义道路选择的基本依据。其一，这条道路的选择源于其独特的文化传统和深厚的文化积淀。无论是传统的民本思想、均富思想、和谐思想、革新思想，抑或是我们所熟知的"天下大同""天下为

---

① 《胡锦涛文选》第三卷，人民出版社2016年版，第621页。

公"思想等,这些思想都是我们中华传统文化的具体体现,都影响着当下中国人民的思维方式与生活方式。这样一种历经千年的独特的文化传统,为中国特色社会主义道路的选择提供了巨大的凝聚力与精神的支撑,提供了最大的归属感与认同感,为我们解决现实问题提供了智慧性的借鉴与启示。这些优秀的传统文化作为中华文明的重要组成部分,是中华民族生生不息、不断发展的重要支撑,是我们选择这条道路的最根本的文化基础,更是我们发展好中国道路的最基础的文化源泉。当代中国选择走这条中国道路,文化传统的影响不容小觑。其二,这条中国道路的选择源于中国独特的历史命运和深厚的历史渊源。历史的发展是不可逆的,近代以来中国独特的历史命运决定了走上中国特色社会主义道路是历史的必然选择。近代以来,面对风雨飘摇的中华民族,无论是大地主阶级和资产阶级改良派的小修小补还是前期资产阶级革命派的大刀阔斧的改革与推翻重造,无论是借鉴西方的立宪制、议会制还是总统制,无论是器物救国、制度救国还是文化救国……这一系列的伟大尝试都在历史的滚滚洪流中不堪一击,逐一夭折。十月革命的一声炮响、中国共产党的成立、新民主主义革命的几经沉浮、社会主义革命与建设的大力推行以及改革开放与现代化建设的历史性转折,这些事件、运动是中国独特的历史命运,其让我们走上今天的中国特色社会主义道路,这也是历史的选择。其三,中国特色社会主义道路的选择源于其独特的基本国情和深厚的现实土壤。"基本国情"四个字是对一个国家境况的根本性阐述,是一个国家制定重大方针政策的根本性依据,社会主义初级阶段的基本国情决定了我国必须选择中国特色社会主义道路作为实现我国民族复兴历史性目标的唯一途径。基本国情既阐明了中国道路的根本性质,又阐明了中国道路的所处阶段。独特的基本国情既决定了中国道路是一条社会主义道路,坚持社会主义方向决不动摇,又决定了中国道路是一条具有特色的现代化道路,坚持以经济建设为中心、大力发展生产力、协同推进其他方面协调发展决不轻易变动。在中国特色社会主义道路的选择中,国情是根基和根本,不容动摇。其四,中国特色社会主义道路的选择是"三位一体"的内在逻辑,是三者共同作用的产物。独特的文化传统、独特的历史命运以及独特的基本国情三者并不是相互分离的,其彼此之间有着无比紧密的必然联系,是相互统一的。如果没有几千年所孕育的共同的文化传统,我们如何能在分崩离析时万众一心、众志成城？如何能在几经沉浮中自强不息、艰苦斗争？独特的文化传统为中国道路的选择提供了文化之根。如果没有近代以来中国独特的历史命运，我们如何能够与时俱进、拥有世界性的眼光？如何能够毅然选择中国特色社会主义道路？独特的历史命运为中国道路的选择提供了深厚的历史基础。如果没有独特的基本国情，我们如何能找准定位、坚守目标？如何能认清阶段、实现发展？独特的基本国情为中国道路的选择培育了现实土壤。换言之，文化传统、历史命运、基本国情是一个有机整体，三者共同寓于中国特色的社会主义道路选择的基本依据之中，共同催生出了这条实现民族复兴的必由之路，即中国特色社会主义道路。文化传统、历史命运、基本国情不是相互封闭的单元格，而是一个三边相合的"三脚架"，共同构筑成中国特色社会主义的"一体三面"。马克思亦曾言："人们自己创造自己的历史，但是他们并不是随心所欲地创造，并不是在他们自己选定的条件下创造，而是在直接碰到的、既定的、从过去承继下来的条件下创造。"① 可以这样说，独特的文化、历史和国情就是马克思话语中的不可选择无法更改的"条件"。这个条件，既成了开创中国特色社会主义道路的催化剂，又是坚持发展完善这条道路的稳定器，同时是广大人民选择这条道路的基本依据。

第五，中国特色社会主义道路的选择是近现代中国社会跨时间与多领域变迁的结果，是历史与现实的统一。其一，中国道路跨越漫长的历史长河，是传统中国走向现代中国的必然之路。从中华民族"站起来"到"富起来"再到"强起来"，是中华民族近代以来摆脱封建统治与殖民主义压迫、实现民族解放与国家独立进而实现国富民强的纵向历史发展过程，也是中国发展的必然历史进程，"站起来""富起来""强起来"三者一脉相承，相互承接，统一于今天中国特色社会主义现代化建设伟大实践的奋斗目标之中。其二，中国道路的选择是我国社会经济、政治、文化、社会以及生态文明这五个领域横向变迁的结果。经济领域我们实现了从落后的农业国、重视农业的稳定与发展向新型工业国、三大产业协调发展转变；政治领域我们实现了向人民当家作主与社会主义政治民主化法治化发展进程的转变；文化领域我们实现了向坚定文化自信、建设社会主义先进文化的转变；社会领域我们实现了向和

---

① 《马克思恩格斯选集》第一卷，人民出版社 2012 年版，第 669 页。

谐社会、富强社会、稳定社会的转变；生态文明建设领域我们实现了向保护环境、人与自然和谐共生的转变。其三，这条道路的选择连接了中国社会的过去与现在，既观照历史，又根植现实，既是千百年来中国人共同的价值理想，又是当代中国人的共同夙愿。中华民族在五千多年的历史实践中孕育了支撑华夏儿女自强不息、艰苦奋斗的共同价值理想。反对分裂、崇尚统一、家国同构、民富国强，与邻为善、热爱和平等等，这些千百年来中国人共同的价值理想犹如一条红线穿越历史、直通现在、开创未来，在当下中国人民所选择的中国特色社会主义道路实践中得到了时代化的现实体现。今天，全面建成小康社会、建设人民当家作主的社会主义国家、繁荣和发展社会主义先进文化、努力维护社会公平正义、建设美丽中国是十四亿中国人民在经济、政治、文化、社会和生态方面共同的利益诉求。而在当代中国，只有坚持走中国特色社会主义道路才能实现广大人民群众在各方面的共同利益诉求。

简言之，一个民族、一个国家的发展道路是由这个国家的历史传统、文化基因、现实国情所决定的，中国道路的选择是中华民族的文化传统、历史命运、基本国情共同作用的结果。中华文明虽历经朝代更迭却没有中断过，近代以来中国人探路寻路几经波折却没有放弃过，当代中国共产党人在社会主义探索实践中遭遇挫折却依然昂首前行。今天，中国特色社会主义道路所取得的瞩目成就让我们更充分地相信这条中国道路，也有更充足的理由坚定道路自信、理论自信、制度自信、文化自信。正如习近平总书记所指出的，"是因为我们有马克思主义的真理力量，是因为我们有党的坚强领导，是因为我们有中国特色社会主义的正确道路，是因为我们有全党全军全国各族人民的伟大团结"[①]，我们才更有理由期待中国的明天会更好！

---

① 《习近平关于"不忘初心、牢记使命"论述摘编》，中央文献出版社、党建读物出版社2019年版，第35-36页。

参 考 资 料

【著作类】

[1]《马克思恩格斯文集》(1—10卷),人民出版社2009年版。

[2]《马克思恩格斯选集》(1—4卷),人民出版社2012年版。

[3]《列宁专题文集》(1—5卷),人民出版社2009年版。

[4]《毛泽东选集》(1—4卷),人民出版社1991年版。

[5]《毛泽东文集》(1—8卷),人民出版社1999年版。

[6]《毛泽东年谱》(2、3卷),中央文献出版社2013年版。

[7]《邓小平文选》(1—3卷),人民出版社1993/1994年版。

[8]《江泽民文选》(1—3卷),人民出版社2006年版。

[9]《习近平谈治国理政》(1—4卷),外文出版社2014/2017/2020/2022年版。

[10]《习近平关于全面深化改革论述摘编》,中央文献出版社2014年版。

[11]《习近平关于全面从严治党论述摘编》,中央文献出版社2016年版。

[12]《习近平新时代中国特色社会主义思想三十讲》,学习出版社,2018年版。

[13]《习近平关于全面依法治国论述摘编》,中央文献出版社2015年版。

[14]《习近平关于实现中华民族伟大复兴的中国梦论述摘编》,中央文献出版社2013年版。

[15]《习近平新时代中国特色社会主义思想学习纲要》,学习出版社、人民出版社2019年版。

[16]《中国共产党第十九次全国代表大会文件汇编》,人民出版社2017年版。

[17]《中国共产党第十八次全国代表大会文件汇编》,人民出版社2012

年版。

[18]《中国共产党第十七次全国代表大会文件汇编》,人民出版社 2007 年版。

[19]《中国共产党第十六次全国代表大会文件汇编》,人民出版社 2002 年版。

[20]《十七大以来重要文献选编(上)》,中央文献出版社 2009 年版。

[21]《十六大以来重要文献选编(上)(下)》,中央文献出版社 2005/2008 年版。

[22]《十五大以来重要文献选编(上)》,人民出版社 2000 年版。

[23]《十四大以来重要文献选编(下)》,人民出版社 1999 年版。

[24]《十三大以来重要文献选编(上)(中)》,人民出版社 1991 年版。

[25]《十二大以来重要文献选编(上、中、下)》,中央文献出版社 2011 年版。

[26]《三中全会以来重要文献选编》(上)(下),人民出版社 2011 年版。

[27]《建国以来重要文献选编》第 5、11、15 册,中央文献出版社 1995/2011 年版。

[28]《中国共产党历史》(第二卷上、下册),中共党史出版社 2011 年版。

[29]《中国共产党 90 年研究文集》(上),中央文献出版社 2011 年版。

[30]《十八大以来重要文献选编》上、中册,中央文献出版社 2014/2016 年版。

[31]《中共中央关于深化文化体制改革推动社会主义文化大发展大繁荣若干重大问题的决定》,人民出版社 2011 年版。

[32] 中共中央马克思恩格斯列宁斯大林著作编译局:《马克思恩格斯论中国》,人民出版社 1997 年版。

[33] 中共中央组织部党建研究所:《中国特色社会主义与中国共产党》,党建读物出版社 2011 年版。

[34] 本书课题组:《中国特色社会主义政治发展道路》,中央文献出版社 2013 年版。

[35]《胡乔木文集(第二卷)》,人民出版社 2012 年版。

[36] 曹英：《中国共产党党史全鉴》，中国文史出版社 2001 年版。

[37] 陈学明等：《中国道路的世界意义》，天津人民出版社 2015 年版。

[38] 陈元中：《中国共产党执政文化建设研究》，人民出版社 2012 年版。

[39] 程恩富：《当代中国马克思主义的新发展》，中国言实出版社 2015 年版。

[40] 丁同民、郑中华、王军：《历久弥新的红旗渠精神》，人民出版社 2015 年版。

[41] 顾海良：《中国特色社会主义理论体系研究》，中国人民大学出版社 2008 年版。

[42] 何明、罗锋：《中苏关系重大事件述实》，人民出版社 2007 年版。

[43] 贺新元：《道路·新时代中国特色社会主义道路》，人民日报出版社 2018 年版。

[44] 胡鞍钢：《中国新战略》，中信出版社 2015 年版。

[45] 李君如：《中国特色社会主义道路研究》，人民出版社 2012 年版。

[46] 刘建武：《中国特色与中国模式》，人民出版社 2006 年版。

[47] 梅荣政：《中国特色社会主义基本问题研究》，武汉大学出版社 2007 年版。

[48] 秦刚：《中国特色社会主义理论体系》，中共中央党校出版社 2013 年版。

[49] 秦宣：《为什么要坚持中国特色社会主义道路》，中国人民大学出版社 2012 年版。

[50] 宋才发等：《中国民族自治地方经济社会发展自主权研究》，人民出版社 2009 年版。

[51] 唐铁汉：《邓小平现代领导理论与实践》，人民出版社 2001 年版。

[52] 田克勤、李彩华、孙堂厚：《中国化马克思主义通论》，人民出版社 2013 年版。

[53] 田克勤：《中国特色社会主义理论与实践研究》，中国人民大学出版社 2012 年版。

[54] 王伟光：《中国特色社会主义理论体系研究》，人民出版社 2012 年版。

[55] 王伟光：《中国特色社会主义旗帜、道路和理论体系：中国社会科学院专家学者解读十七大报告》，中国社会科学出版社2008年版。

[56] 谢春涛：《中国共产党如何治理国家》，新世界出版社2012年版。

[57] 谢春涛：《中国特色社会主义史（上、下）》，福建人民出版社2008年版。

[58] 辛向阳：《中国特色社会主义道路研究》，河北人民出版社2011年版。

[59] 徐崇温：《中国特色社会主义理论体系研究》，重庆出版社2011年版。

[60] 薛汉伟：《时代发展与中国特色》，北京大学出版社1996年版。

[61] 闫志民：《中国特色社会主义理论发展史》，人民出版社2012年版。

[62] 余昌淼：《十六大以后的中国》，人民出版社2002年版。

[63] 俞可平等：《中国模式与"北京共识"——超越"华盛顿共识"》，社会科学文献出版社2006年版。

[64] 袁秉达：《中国特色社会主义道路探究》，上海人民出版社2009年版。

[65] 袁秉达：《中国特色社会主义实践形式探索》，东方出版中心有限公司，2011年版。

[66] 赵智奎：《什么是中国特色社会主义》，湖南人民出版社2012年版。

[67] 郑德荣等：《中国特色社会主义道路基本问题研究》，人民出版社2012年版。

[68] 朱峻峰：《中国共产党与中国特色社会主义道路》，社会科学文献出版社2012年版。

[69] 庄福龄：《为什么马克思在中国能成功》，新星出版社2012年版。

[70] 乔舒亚·库伯·雷默等著，沈晓雷等译：《中国形象：外国学者眼里的中国》，社会科学文献出版社2008年版。

【报纸和论文类】

[1]《习近平春节前夕赴江西看望慰问广大干部群众祝全国各族人民健康快乐吉祥祝改革发展人民生活蒸蒸日上》，《人民日报》2016年2月4日。

［2］《习近平在瞻仰中共一大会址时强调：铭记党的奋斗历程时刻不忘初心担当党的崇高使命矢志永远奋斗》，《人民日报》2017年11月1日。

［3］《在纪念中央革命根据地创建暨中华苏维埃共和国成立80周年座谈会上的讲话》，《人民日报》2011年11月5日。

［4］《中共中央关于全面深化改革若干重大问题的决定》，《人民日报》2013年11月16日。

［5］习近平：《纪念毛泽东同志诞辰120周年座谈会上习近平同志的讲话》，《人民日报》2013年12月27日。

［6］卜莲玉：《浅议中华优秀传统文化与中国特色社会主义道路的关系》，《辽宁行政学院学报》2016年第7期。

［7］曹超：《和谐社会建设中主体身心健康的价值透视》，《求索》2010年第9期。

［8］范竹增：《发扬民族文化传统与现代文化建设》，《苏州大学学报》1996年第3期。

［9］冯书泉：《正确地理解和把握社会主义初级阶段论》，《北京大学学报（哲学社会科学版）》1999年第4期。

［10］郭万超：《优秀传统文化：中国道路的深层内因》，《党建》2014年第3期。

［11］韩庆祥：《新中国70年坚定道路自信的学理阐释》，《学术论坛》2019年第4期。

［12］韩振峰：《论走中国特色社会主义道路的历史必然性》，《河北学刊》2007年第5期。

［13］何会宁：《论中国传统文化与马克思主义大众化的一致性》，《求索》2012年第8期。

［14］贺新元：《中国特色社会主义道路的科学内涵及新时代价值》，《河南社会科学》2019年第2期。

［15］洪朝辉：《"中国特殊论"颠覆西方经典理论》，《廉政瞭望》2006年第10期。

［16］姜淑兰、郑德荣：《党的基本路线是中国特色社会主义道路的核心

和生命线》,《理论学刊》2010 年第 3 期。

[17] 蒋学模:《社会主义初级阶段论的历史意义》,《复旦学报(社会科学版)》1998 年第 1 期。

[18] 李虎:《论文化传统与传统文化》,《重庆电力高等专科学校学报》2004 年第 1 期。

[19] 李君如:《社会主义初级阶段与全面建设小康社会》,《科学社会主义》2002 年第 5 期。

[20] 李君如:《我们为什么要坚持中国特色社会主义》,《科学社会主义》2004 年第 3 期。

[21] 李君如:《中国特色社会主义道路的开辟、坚持和发展》,《党的文献》2012 年第 6 期。

[22] 李慎明:《党的八大前后开始的中国特色社会主义道路的探索与当今中国的发展壮大》,《当代中国史研究》2006 年第 5 期。

[23] 李涛:《中华传统文化与中国特色社会主义道路选择》,《中州学刊》2017 年第 12 期。

[24] 马程程、张森林:《后列宁时期苏联对基本国情的误判》,《外国问题研究》2014 年第 1 期。

[25] 庞朴:《文化传统与传统文化》,《中华文化与地域文化研究——福建省炎黄文化研究会 20 年论文选集:第一卷》,福建省炎黄文化研究会,2011 年 10 月 1 日。

[26] 庞士恒、刘宇:《技术引进对经济增长的影响研究》,《经济研究导刊》2018 年第 30 期。

[27] 漆思:《中国道路:现代文明转向与社会主义创新的思想自觉》,《社会科学战线》2019 年第 12 期。

[28] 秦宣:《牢记社会主义初级阶段基本国情》,《理论视野》2007 年第 11 期。

[29] 秦宣:《坚定中国特色社会主义道路自信、理论自信和制度自信》,《光明日报》2013 年 1 月 16 日。

[30] 荣长海:《社会主义初级阶段理论:对科学社会主义的坚持与发

展》，《社会主义研究》1988 年第 5 期。

［31］桑学成：《中国特色社会主义道路的形成发展和基本经验》，《南京大学学报（哲学·人文科学·社会科学版）》2011 年第 4 期。

［32］沙健孙：《关于社会主义改造问题的再评价》，《当代中国史研究》2005 年第 1 期。

［33］宋俭：《中国特色社会主义政治发展道路的基本要素和政治体制改革的重要经验》，《思想理论教育》2013 年第 17 期。

［34］宋银桂：《文化·传统文化·文化传统》，《文史博览》2005 年第 12 期。

［35］涂赞琥：《社会主义初级阶段论的理论和实践意义》，《武汉大学学报（社会科学版）》1988 年第 2 期。

［36］王顺生：《科学判断和全面把握我国将长期处于社会主义初级阶段的基本国情》，《高校理论战线》2003 年第 9 期。

［37］王伟光：《建设中国特色社会主义的总依据总布局总任务》，《上海集体经济》2013 年第 1 期。

［38］肖贵清、刘爱武：《中国特色社会主义道路的内涵及其特征》，《中国特色社会主义研究》2008 年第 2 期。

［39］肖向平：《中国特色社会主义道路生成路径探寻》，《学术论坛》2008 年第 4 期。

［40］辛向阳：《社会主义初级阶段理论：马克思主义中国化的典范》，《马克思主义研究》2006 年第 6 期。

［41］辛向阳：《中国特色社会主义道路的内涵解析》，《当代世界与社会主义》2008 年第 3 期。

［42］辛向阳：《为什么必须走适合自己特点的道路》，《北京日报》2013 年 9 月 9 日。

［43］徐崇温：《中国特色社会主义道路的世界意义》，《红旗文稿》2009 年第 4 期。

［44］徐崇温：《中国特色社会主义道路是人类文明史上的伟大创举》，《马克思主义研究》2012 年第 4 期。

［45］徐勇：《历史延续性视角下的中国道路》，《中国社会科学》2016 年

第 7 期。

［46］闫团结：《统一战线与中国社会政治共识的凝聚》，《广西社会主义学院学报》2013 年第 2 期。

［47］严书翰：《中国特色社会主义理论体系概论》，《学习论坛》2014 年第 4 期。

［48］杨彬彬、马玉婕：《中国特色社会主义道路的中国逻辑与世界意义》，《长白学刊》2019 年第 4 期。

［49］杨振闻：《走自己的路：中国道路成功的关键密码》，《求索》2020 年第 1 期。

［50］俞可平：《关于中国模式的思考》，《红旗文稿》2005 年第 19 期。

［51］俞可平：《中国特色社会主义的世界历史意义》，《人民论坛》2008 年第 24 期。

［52］虞崇胜：《提升中国特色社会主义政治发展道路的新境界》，《武汉大学学报（哲学社会科学版）》2013 年第 2 期。

［53］张分田：《关于儒家民本思想历史价值的三个基本判断》，《天津师范大学学报（社会科学版）》2009 年第 5 期。

［54］张雷声：《论中国特色社会主义道路、理论体系、制度的统一》，《高校理论战线》2013 年第 1 期。

［55］张乾元、苏俐晖：《新中国现代化建设道路的探索与道路自信》，《新疆师范大学学报（哲学社会科学版）》2019 年第 6 期。

［56］张晓莲：《社会主义初级阶段理论新内涵》，《社会主义研究》2004 年第 5 期。

［57］张学森：《大历史观视阈下的中国道路》，《党政研究》2019 年第 6 期。

［58］赵家祥：《社会主义初级阶段理论的形成和发展（下）》，《党政干部学刊》2016 年第 8 期。

［59］赵曜：《中国特色社会主义道路的科学内涵》，《光明日报》2008 年 2 月 26 日。

［60］赵周贤、刘光明、孙存良：《坚持和拓展中国特色社会主义政治发展道路》，《求是》2012 年第 14 期。

[61] 郑德荣、王占仁:《全面准确理解中国特色革命道路》,《毛泽东思想研究》2006 年第 2 期。

[62] 庄俊举:《关于"北京共识"与中国模式研究的若干思考》,《当代世界与社会主义》2005 年第 5 期。

[63] 庄聪生:《中国特色社会主义政治发展道路的内涵、特征和原则》,《科学社会主义》2008 年第 3 期。

后 记

从踏入学术研究的大门开始，我就围绕着中国道路问题进行了学术探索，一路走来，在感受着伟大祖国繁荣昌盛的同时，也在不停地思考中国特色社会主义道路的诸多理论问题，淬炼思想的同时完善自身，升华境界的同时坚守初心。

我们党和国家对于道路问题的理论认识是在具体的实践探索中深入发展的。学术界对中国道路问题的研究也是随着实践的深入进行理论的反思与追问，继而进行新一轮的理论思辨和实践检验。通过对中国道路选择问题的解析、思考让我形成了自己的基本认识和逻辑框架，但是否恰当准确，是否精当严谨，还需要与学界同行进行广泛的交流、研讨、批判、辩驳。这样才会使问题在学术的争鸣互动中走向深入，走向丰富，走向共识，以共同推进这一问题研究向纵深发展。为此，我会更加努力、尽力。

道路问题至关重要。厘清从近代以来中华民族发展历程走出来的中国特色社会主义道路的历史逻辑，厘清从中华民族5000多年悠久文明的传承中走出来的中国特色社会主义道路的文化逻辑，厘清从改革开放的伟大实践中走出来的中国特色社会主义道路的现实逻辑，尤其是阐释文化、历史、国情"三位一体"的内在逻辑统一关系，断非这样一本小小的著作就能实现的。在研究过程中，我深感诸多地方需要深耕细作，需要更加丰富完善。当然，中国特色社会主义理论会随着中国特色社会主义实践的推进而不断补充和完善，中国特色社会主义道路的内涵也会随着中国特色社会主义道路实践的深化而不断丰富和发展，还有国情的发展变化、道路的与时俱进等等，这些都需要随着实践的发展进一步深入考察和思考，也是我作为一名科研工作者未来努力的方向。

无论是课题研究还是书稿写作，抑亦或是于我个人的成长道路上，都离不开恩师的指导与教诲，离不开朋辈的支持与鼓励，离不开家人的关爱与陪伴，在此一并谢过，也特别感谢出版社的支持。

马程程

2024 年 8 月 30 日